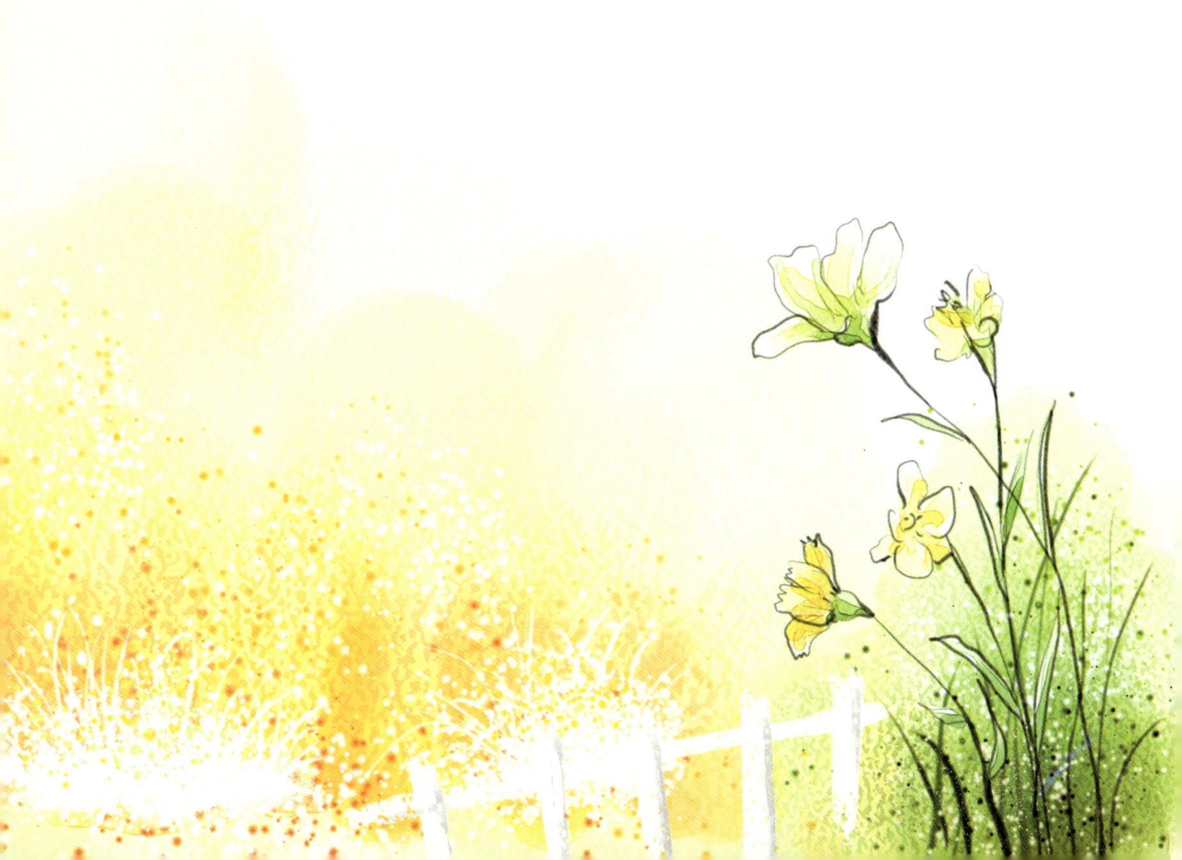

阳光姐姐 科普·小·书房

科学大爆炸

伍美珍 主编

明天出版社

本书使用指南

瞧这个图标剪影，每个主题都不一样呢。

每个主题都以一个故事场景作为开始，引出之后的探索旅程。

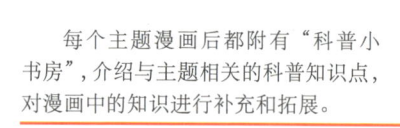

每个主题漫画后都附有"科普小书房"，介绍与主题相关的科普知识点，对漫画中的知识进行补充和拓展。

阅读漫画时，要按照先上后下、先左后右的顺序阅读。

阅读同一格漫画里的对话时，要按照先上后下、先左后右的顺序阅读。

画外音会让漫画故事的情节更加完整，不要错过哟。

认识阳光姐姐

阳光姐姐伍美珍

　　亲爱的小读者们，很高兴能和你在"阳光姐姐科普小书房"中相遇。

　　我主编这套科普读物，与"阳光姐姐小书房"解答孩子们成长中的困惑的思路是一脉相承的。我认为科普读物也可以做得具有故事性、趣味性和知识性，这样你们才爱读。这一套书就是以四格漫画的活泼形式，巧妙融合有趣的科普知识，解答你们在科学方面的疑惑，开阔大家的视野。

　　在这套丛书中，作为"阳光姐姐"的"我"化身为一个会魔法的教师，带领着阳光家族的成员们，以实地教学的方式给大家上"科学课""自然课"。真心地希望这套书能够成为你的小书房中的一部分，让你爱上科学知识。

　　祝你们阅读快乐，天天快乐！

目录

8 生命的进阶——进化

22 历史的痕迹——建筑

32 治病救人全靠它——医药

44 杀戮工具——武器

56 从无到有的信息交流

68　人类文明史的开端——文字

80　各种各样的能量

92　从步行到上天下海——交通工具

104　发展的脊梁——工业

116　从零开始的太空梦——宇航

惜城
我叫惜城，是全校最聪明的男生。我最喜欢搞怪，每天都在制造笑话，很多有趣的话都出自我之口，朋友们说我动不动就会陷入“抽风状态”。
这是我同桌兔子，热爱读书的学霸，同时也是班花级美女。只要是书本上有的知识，她总是能信手拈来；只要是有趣的课外知识，她总忍不住记下来。
兔子
我和咪咪是好朋友，我们很喜欢整惜城。
这个呆呆的小胖子是阿呆，有点傻乎乎，脾气很好，爸爸是大老板，所以他是个低调的“富二代”。坐在他旁边的小胖妞是咪咪。当阿呆有难的时候，咪咪总是拔刀相助。
咪咪
我最大的梦想就是吃遍天下美食。
我喜欢好看的和可爱的事物，好奇心强，不过一旦说到认真学习，就会“灵魂出窍”。
阿呆

张小伟是个心思细腻的安静男生,生长在单亲家庭,对妈妈很依赖。他性格温柔,自律又勤奋。因为长相帅气、待人亲和,所以他和女生十分谈得来。缺点是有些多愁善感,还有点儿多情。

我叫江冰蟾,性格内向,十分要强,因此有些孤独,朋友不是很多,我总是沉浸在自己的世界里。我最擅长的是数学,最害怕考试失误。

张小伟

江冰蟾

我是朱子同,不仅爱玩,还十分会玩,网络流行语尽在我的掌握之中。我喜欢打游戏,还自制娱乐恶搞节目,很有表演天赋,朋友众多。我自认为毫无缺点。

阳光姐姐伍美珍

喜欢小朋友,喜欢开玩笑,被好友亲昵地称为"美美"的人。

善于用键盘敲故事,而用钢笔却写不出一个故事的……奇怪的人。

在大学课堂讲授一本正经的写作原理的人,在小学校园和孩子们笑谈轻松阅读和快乐写作的人,在杂志中充当"阳光姐姐",为解决小朋友的烦恼出主意的人。

每天电子信箱里都会堆满"小情书",其内容大都是"阳光姐姐,我好喜欢你"这样情真意切表白的……幸福的人。

已敲出 100 多本书的……超人!

朱子同

博客(伍美珍阳光家族)
http://blog.sina.com.cn/ygjzbjb
信箱:ygjjxsf@126.com

生命的进阶——进化

一个周末,外面阳光明媚,和风习习。这样的好天气不出去活动实在太可惜了,于是,阳光姐姐决定叫上惜城、兔子、咪咪和阿呆一起去动物园游玩,大家纷纷拍手赞成。

动物园里有威风凛凛的狮子、勇猛威武的老虎,还有漂亮的孔雀和天鹅……突然,咪咪的目光被一只正在吃香蕉的小猴子吸引住了。只见它熟练地扒开香蕉皮,大口大口地吃着,一边吃还一边冲游人做鬼脸。

本期出场人物:阳光姐姐、惜城、兔子、阿呆、咪咪

> 我们真的是猴子变来的?我可不信!它的身上有那么多毛发,我们的祖先怎么会是这样的呢?

> 既然大家想知道个究竟,我们不妨来一场时空之旅吧。

啊吧啦，
啊咔啦，
变变变。
阳光姐姐的魔法让大家坐上了一艘神奇的飞船，飞船载着他们穿越时空，来到了寒武纪的海洋里。
扑通
阳光姐姐，生命不是在寒武纪之前就出现了吗？我们为什么不去更早的年代看看？
因为在寒武纪之前，地球上的生命进化得非常缓慢，而且都是一些单细胞的细菌和藻类。后来，又出现了刺胞动物。直到寒武纪，无脊椎动物才出现，所以这是一个非常重要的历史时期。
原来是这样……这么说，我们赶上“生命大爆发”啦！那这个时期都有什么动物呢？
主要有软体动物、环节动物、叶足动物、节肢动物、腕足动物、棘皮动物等。
哇，快看！海底那些游动的虫子是什么？附近还有好多呢！
这就是大名鼎鼎的三叶虫啊！

三叶虫是这个时期最具代表性的动物。

为什么叫三叶虫呢?难道它身上长着三片叶子吗?

不可以吗?这种远古怪物就是长着10个头我都不会觉得奇怪……

三叶虫的身体分为头、胸、尾三部分,背上有一个坚硬的甲壳。你仔细看它的背部,上面有两条背沟,把整个背部分为一个轴叶和两个肋叶,因此它被称为三叶虫。它们还没有进化出脊椎,跟螃蟹、龙虾一样,属于节肢动物。

可它的身体扁扁的,没什么肉,看上去不如螃蟹和龙虾好吃……

我们不能吃它啊!

这时候，不远处游过来一个超级大的"怪物"。

天呀，这又是什么"怪物"？

难道是水中大蜈蚣？它身体两侧的好像是腿。

这个"怪物"叫奇虾。科学家第一次复原出它的外形时，也觉得它长得太奇怪了，于是给它命名为奇虾。

你看它头上还有一对巨大的眼睛呢，真有趣！

寒武纪的海洋中"奇葩"还真多！

有趣？我觉得它巨大的双眼看着让人害怕……

其实还有一种长得很奇怪的生物，它同样生活在寒武纪的海洋中，那就是怪诞虫。

哦，到底怎么个怪法？

怪诞虫用多对长腿站立，并且背上还长着多对长刺。

这样一比较，还是奇虾漂亮些。

你瞧，奇虾头上的那两个“触角”是它的前肢，而身体两侧的片状物是用来游泳的，类似船桨。
这么大的身体看来不是吃素的。
没错，奇虾是寒武纪海洋中的顶级猎手，它的前肢上有很多毛，可以抓住猎物，现在在到处游动的三叶虫就是它们的食物。
那我们有没有危险呢?
我看不妙！奇虾见到我们这么大的猎物，说不定想饱餐一顿……
阳光姐姐念动咒语，飞船带着大家往白垩纪飞去。
我们还是远离它吧，大家坐好。
嗖

时间：白垩纪晚期　地点：某处热带雨林
我家里有好多恐龙模型，现在终于可以看到活的恐龙了，想想就好激动！
说不定那些恐龙见到你会更激动……
扯
别闹了。你们看，那条河边有几只恐龙在吃草呢！
这是三角龙，我在电视上看过它们的介绍，它们的颈部长着扇形的颈盾，性情非常温和。那边的是鸭嘴龙，它们的嘴长得跟鸭子的嘴一样。
看不出来啊阿呆，长知识了！
正当他们全神贯注地观察这些植食性恐龙时，几只霸王龙朝他们走了过来。
快跟我来！

我们跑到这里做什么？在这里我们战斗力最弱，霸王龙一定会先吃我们的。

大家跟着阳光姐姐跑到三角龙的身后，霸王龙也跟了过来。

放心吧，旁边有三角龙宝宝，三角龙们是不会让霸王龙靠近的。

只见几只三角龙将幼龙围在里面，把角朝向霸王龙。可霸王龙没有被吓退，它冲向了三角龙群，三角龙不畏强敌，它们低着头，狠狠地用角撞击霸王龙。霸王龙顿时感觉奇痛无比，只好灰溜溜地逃走了。

嗷

真是太勇敢了！

三角龙连霸王龙都不怕，这就是亲情的力量呀！

为什么霸王龙不咬三角龙的脖子呢？

三角龙的头大约有一米长，再加上它有巨大而坚硬的颈盾，霸王龙根本无从下口。

哇，快看这边！这是慈母龙的巢穴，一些慈母龙在照顾它们的宝宝呢！

它们对自己的宝宝这么爱护，真是"龙如其名"……

不好！刚才那只霸王龙又冲着慈母龙来了！这些慈母龙肯定不是它的对手。怎么办？

霸王龙狠狠地咬住了其中一个慈母龙宝宝，一下吞进了肚子。这时，天空中出现了一道非常刺眼的光。

我们救不了它们。物竞天择，适者生存。

这是恐龙时代的最后时刻，从太空飞来的陨石马上就要撞上地球了。恐龙即将遭遇灭顶之灾！大家快上飞船，我们离开这里！

就在他们坐飞船离开的时候，地球遭到了剧烈的撞击，铺天盖地的火光冲天而起，预示着灾难的降临。

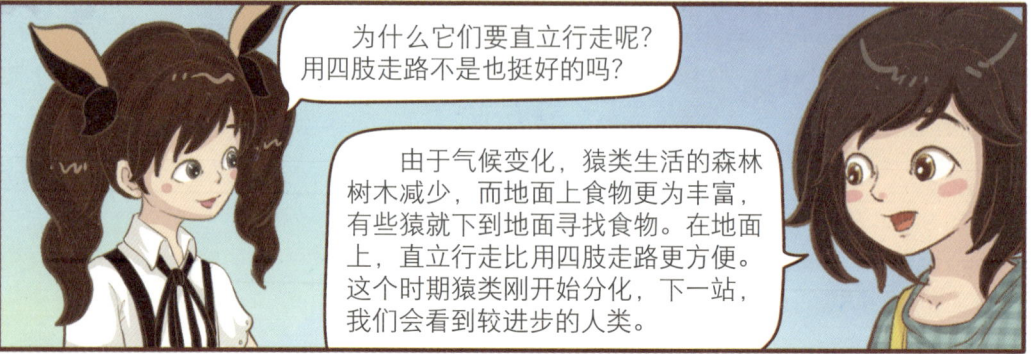

时间：500万年前　　地点：非洲

离开白垩纪，飞船带着他们来到了著名的东非大裂谷的东部，降落在一片丛林中。大家走出飞船，见几只"大猩猩"正在地上走来走去，用双手摘果子吃。

阳光姐姐，为什么你又带我们来看大猩猩，不是在动物园看过了吗？

大家仔细看，这可是人类最原始的祖先——南方古猿。它们和大猩猩是近亲关系，不是同一物种。

可我看它们和大猩猩也没有多大区别。

没错，南方古猿正处于人类进化的原始阶段，它们最显著的特点就是"直立行走"。

为什么它们要直立行走呢？用四肢走路不是也挺好的吗？

由于气候变化，猿类生活的森林树木减少，而地面上食物更为丰富，有些猿就下到地面寻找食物。在地面上，直立行走比用四肢走路更方便。这个时期猿类刚开始分化，下一站，我们会看到较进步的人类。

时间：200多万年前　地点：某地森林深处

飞船带着大家来到了200多万年前的一天。大家在一个山洞旁边找到了一个原始部落。

这时的人类既不会养牲畜，也不会种粮食，只靠打猎和采集野果充饥。因为不会使用火，所以打到猎物只能生吃。

他们为什么要吃生肉呀，好不卫生啊！

我们真是好幸福，可以吃到香辣蟹、红烧龙虾、糖醋排骨、四喜丸子、小鸡炖蘑菇……

阿呆，别说吃的了，说得我好饿！

这时，天空突然下起小雨，还伴随着一阵阵雷电。突然，一道闪电打到了附近的一棵树上，树马上着起了火。正在吃东西的原始人吓得躲进了山洞……

幸好溜得快，不然就变烤肉了！

17

就在大家纷纷躲进山洞的时候，一个男孩跑了出来，他好像对火很感兴趣。
阳光姐姐，这个小孩很有趣，我们能想办法跟他聊聊吗？
可以呀。啊吧啦，啊咔啦，原始语言！
你好啊，小朋友，大家看到火都害怕地躲了起来，你怎么跑出来了？你不怕火吗？
我的妈妈爸爸曾经告诉我，火是非常可怕的东西，但我不这样觉得，我认为火是很有用的东西。有了火，周围都是光明和温暖的。
小家伙，你很有想法！
事实上，只要小心对待，火并不会伤害你们，还会给你们带来很大的方便。肉和野菜如果煮熟了吃，会比生吃美味一百倍。
真的吗？那我回去和我的家人试一下。
男孩拿起一根燃烧着的树枝回到了山洞，大家也坐上飞船离开了。

时间：距今3万年左右
地点：北京周口店

飞船带着他们来到了北京的周口店。这里是著名的山顶洞人的活动区域，他们属于晚期智人，已经学会了使用火、打猎、缝制衣服。

山顶洞人已经懂得用骨针缝制衣服了。

他们的烹饪技术也提高了很多，烤肉闻起来很香……

不过他们仍然是居住在一起的。

现在他们仍处于母系社会，女性在社会生活中起主导作用。

现在非洲的一些部落也是这样的呢。

我可不想生活在母系社会，那样我还不得每天被兔子她们欺负……

看着他们烤肉，我有点儿想念妈妈烧的饭菜了。

阳光姐姐念动咒语，飞船终于又回到大家熟知的世界了。

科普小书房

原始的地球

在距今大约 46 亿年前，地球诞生了。初生的地球温度极高，而且不断受到来自太空的天体的撞击，没有任何生命迹象。慢慢地，天体的撞击减少了，地球也逐渐冷却。空气冷却后，形成降雨，最后形成了广阔的海洋，这就为生命的出现提供了条件。

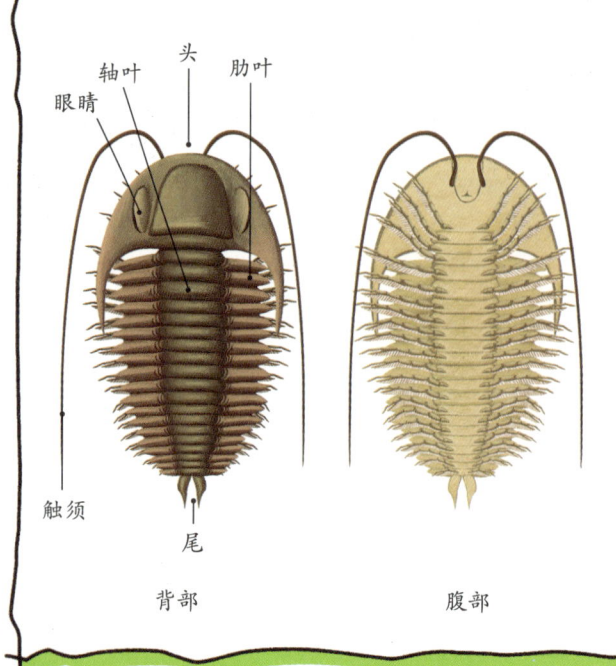

三叶虫称霸海洋

在寒武纪的海洋里，到处都是三叶虫。三叶虫的身体分为头、胸、尾三部分，它们的背甲非常坚硬，分为一个轴叶和两个肋叶，三叶虫因此而得名。大多数三叶虫的个头很小，就像现在的小甲虫那样大。也有一些三叶虫居然长到了盘子那么大。它们在地球上生活了大约 3 亿年，在如此漫长的时间里，三叶虫的数量急剧增长，种类也发展到几万个，在海洋中随处可见。

从海洋走向陆地

在约 3.5 亿年前，海洋里到处都是鱼，鱼的种类非常多。由于鱼越来越多，它们的生存空间不断被挤压，一些鱼类渐渐演化，从海洋登上了陆地，成为最早的两栖动物。后来它们的肺功能逐渐完善，进化成了爬行动物。爬行动物在中生代统治了整个地球。不过，大约在 6500 万年前，一颗巨大的陨石以极快的速度撞击了地球，造成严重的爆炸和火山喷发，大型陆地动物几乎全部灭绝了。

哺乳动物的春天

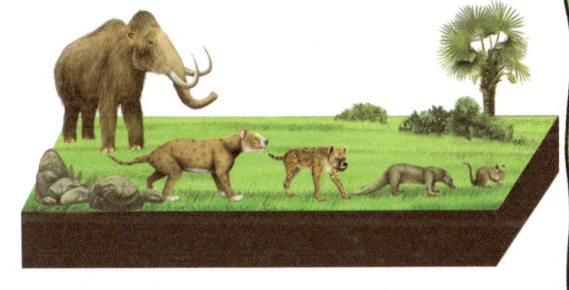

在约 6500 万年前的生物大灭绝事件中，大型陆地爬行动物几乎全都灭绝了，一些小型哺乳动物躲在地下，依靠吃昆虫和腐肉熬过了漫长的黑暗时期，终于迎来了哺乳动物的春天。到了新生代的第四纪，哺乳动物已经成为陆地上占支配地位的类群了，成为动物世界的王者。

人类的出现

在 5000 多万年前，哺乳动物中的灵长类动物出现了，并且快速进化。在距今约 1000 万年前出现的森林古猿可能是猩猩和人类的直系祖先。而在距今 500 万年左右出现的南方古猿则被认为是人类的最原始的直系祖先，它们已经学会了直立行走。而后这些古猿继续进化，它们在与大自然的抗争中，大脑越来越发达，终于成功征服了自然，进化为现在的人类。

历史的痕迹——建筑

课间，同学们坐在一起聊天，阿呆兴致勃勃地说起了暑假在法国旅游的事情。讲到那些闻名于世的精美建筑，阿呆眉飞色舞：庄严肃穆的凯旋门、高耸入云的埃菲尔铁塔、金碧辉煌的罗浮宫、风格独特的巴黎圣母院……大家听后羡慕极了。

本期出场人物：阳光姐姐、惜城、兔子、阿呆、张小伟

我有时间，可是我没有钱，唉……

我也好想去看看其他国家的建筑和文化，可我爸爸妈妈工作那么忙，根本没有时间带我去，唉……

这个愿望，我来帮你们实现。

啊吧啦，啊咔啦，变变变！

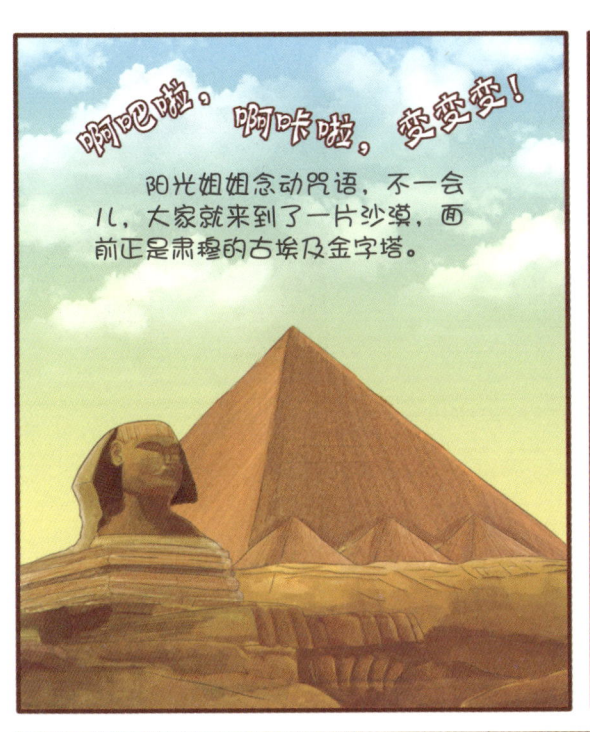

阳光姐姐念动咒语，不一会儿，大家就来到了一片沙漠，面前正是肃穆的古埃及金字塔。

奇怪，为什么要叫它金字塔呢？难道里面藏着很多黄金？

因为它上面是个尖儿，下边宽宽的，外形比较像汉字"金"，所以在汉语里就叫金字塔。

那么我看叫它粽子塔也是蛮合适的——比起"金"字来，它更像一个粽子！

我来考考大家，你们知道埃及约有多少座金字塔吗？

一共有80多座吧，应该……大概……

不止呢，埃及约有100座金字塔。我们面前这座就是其中最著名的胡夫金字塔。据专家估测，它由约230万块石块砌成。令人惊奇的是，这些石块之间没有任何黏合剂，全是相互叠压和咬合的。

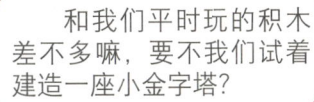

和我们平时玩的积木差不多嘛，要不我们试着建造一座小金字塔？

23

真不知道你的自信是从哪里来的！要知道，即使是现在，科学家也没有完全研究透金字塔的秘密呢。
是的，金字塔是如何建造的还是个未解之谜。因为按照当时的技术水平，要想建造这样宏伟的建筑难于登天。而且经过了3000多年的风吹日晒，金字塔依然坚固如初，我们甚至无法把刀插入石块之间的缝隙。近年来考古学家发现，金字塔跟很多天文现象有关，说不定那时候埃及人已经懂得了很多天文知识。
真神奇！怪不得有那么多专家一直在研究它们呢。
阳光姐姐，我们能进金字塔里面看看吗？
金字塔可不是什么住人的建筑，它是坟墓，是埋葬死人的地方。
那些死人不都被制成木乃伊了吗？
木乃伊？我们还是不要进去了，赶紧离开吧。

大家在阳光姐姐的咒语中，来到了澳大利亚的悉尼。
大家想体验飞翔的感觉吗？
想！
于是，在阳光姐姐的咒语中，大家背上长出了漂亮的翅膀，像一只只矫健的海鸥，在天空飞翔。
这不是我经常梦到的悉尼歌剧院吗？
真的！悉尼歌剧院，艺术家的天堂！
开动你们的小脑筋，看看它像什么？
我感觉它像争先恐后地想要站起来的洁白的贝壳……
我觉得它像一艘艘正欲乘风起航的帆船……
我怎么觉得像一只剥开的大橙子……
阿呆还真蒙对了！悉尼歌剧院的设计者的灵感就是来自于一只剥开了的橙子。
真是吃货改变世界啊，不服不行！

悉尼歌剧院建成于 1973 年，由丹麦设计师约恩・乌松设计，是 20 世纪最具特色的建筑之一，2007 年还被联合国教科文组织评为世界文化遗产。
大家飞近一些。你们看，歌剧院由两个主厅、一些小型剧场和其他附属设施组成。
大家看了这么久，有什么感想没有?
这造型又别致，又洋气！
很多古代建筑也非常精美，是留给我们后人的巨大财富。
我们一定要好好保护，不能让它们再受到伤害！
但因为战争等原因，这些建筑有很多遭到了严重的破坏，保留到现代的太少了……
说得对！古代的建筑能保留到现在真是太不容易了，所以我把旅行的最后一站定在故宫。啊吧啦，啊咔啦，恢复原身，瞬间转移！

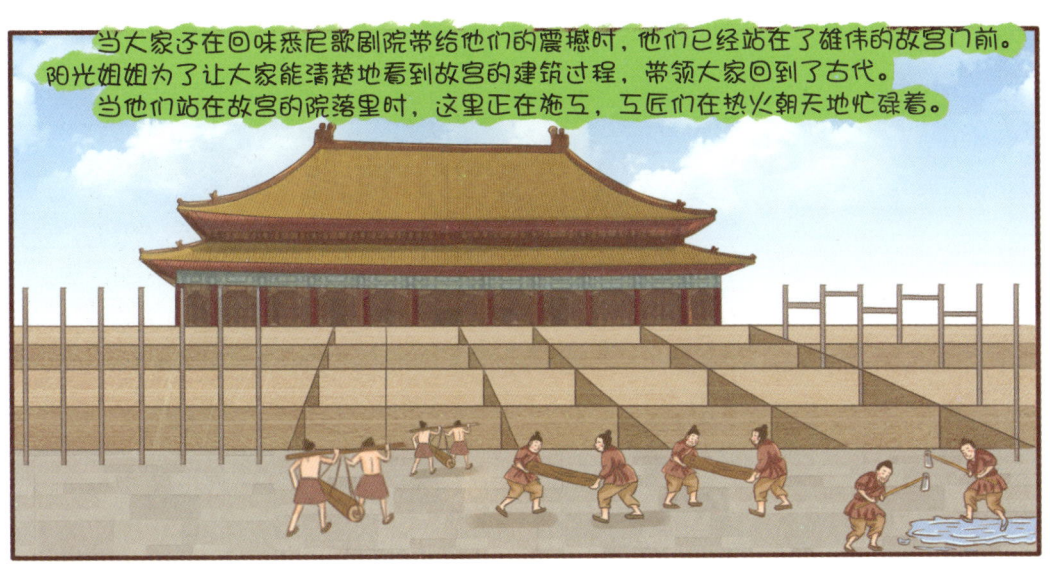

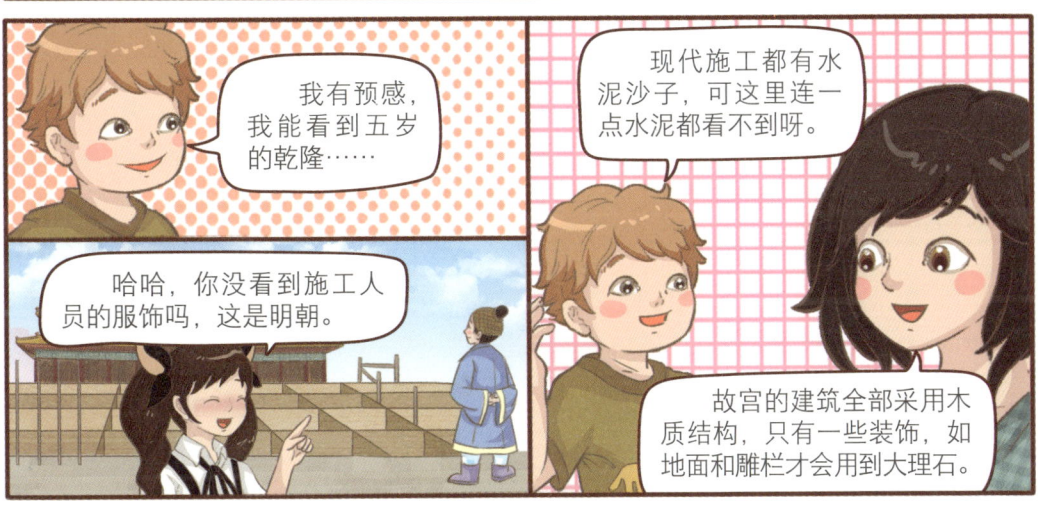

当大家还在回味悉尼歌剧院带给他们的震撼时,他们已经站在了雄伟的故宫门前。阳光姐姐为了让大家能清楚地看到故宫的建筑过程,带领大家回到了古代。当他们站在故宫的院落里时,这里正在施工,工匠们在热火朝天地忙碌着。

我有预感,我能看到五岁的乾隆……

现代施工都有水泥沙子,可这里连一点水泥都看不到呀。

哈哈,你没看到施工人员的服饰吗,这是明朝。

故宫的建筑全部采用木质结构,只有一些装饰,如地面和雕栏才会用到大理石。

木质材料不会腐烂吗?

这个问题其实我们也早就考虑到了。你们看,故宫的三大殿都建在离地面很高的三级石基上,这样做其实就是为了防止房屋的木头材料腐烂。

我知道大家会有很多疑问,所以我把故宫的建筑师请来了。

27

比起一般的建筑来，这些建筑确实要高大不少，而且周围还有类似护栏的东西，护栏周围还有这么多龙头，这些龙头不会是出水的吧？现在我们控制出水的开关不就叫水龙头吗?
你怎么会这样想呢?
阿呆分析得有道理。每当下雨后，为了不让宫殿积水，这些龙头就可以将水排放到更低的地方，呈现“千龙吐水”的壮观景象。
高
排水
低
为了不让故宫积水，我们让整个故宫呈现出中间高、四周低的走势，这样水就能更快地被排到金水河里面去。
你们真是太聪明了，这样就不用担心内涝的问题了。

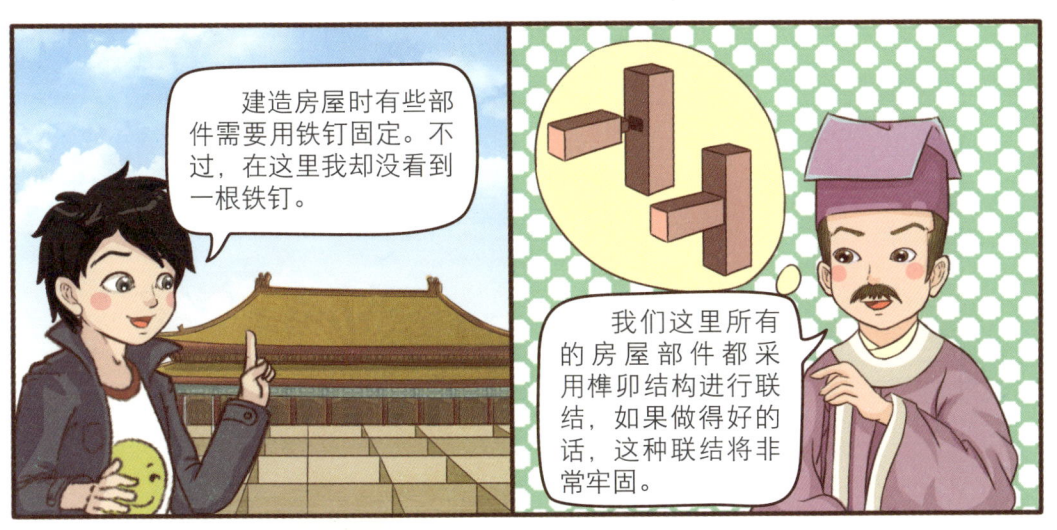

建造房屋时有些部件需要用铁钉固定。不过，在这里我却没看到一根铁钉。

我们这里所有的房屋部件都采用榫卯结构进行联结，如果做得好的话，这种联结将非常牢固。

榫卯结构？

其实中国的很多传统家具用的都是榫卯结构。比如说椅子，椅子腿的上端会有一个突出的部分，这就是榫，椅子的座的四角都有一个凹进去的部分，这就是卯，把榫放到卯里面就可以固定了。房屋也是如此。

这个结构让我想起了平时玩的拼图游戏。一个完整的结构被分割成大小不一的小块，打乱顺序，然后再经过拼接还原出来。

你这样一说我茅塞顿开！

建筑师先生，我还有一个问题，你们的御膳房……

闭嘴！

还没等阿呆说完，惜城赶紧堵住了他的嘴。借助阳光姐姐的魔法，不一会儿，大家又回到了现代社会。

科普小书房

埃及金字塔之谜

埃及金字塔是古代法老的陵墓。埃及约有 100 座金字塔，大部分位于开罗西南部的吉萨高原的沙漠中。最高的金字塔是胡夫金字塔，原本高约 146 米，堆砌它的石头平均每块重约 2.5 吨。另外，还有一座神秘的狮身人面像卧在它的旁边。人们始终没弄明白，在技术落后的古代，人们是怎么建造起如此庞大的金字塔的。

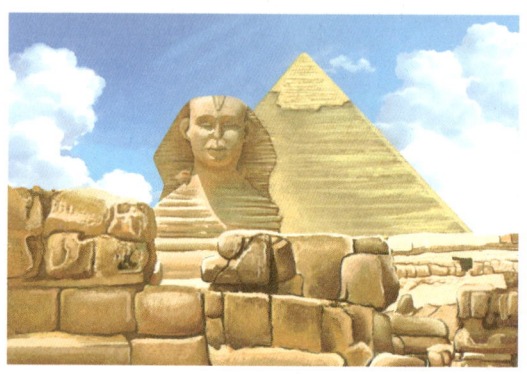

古希腊的明珠——帕特农神庙

帕特农神庙是古希腊最著名的建筑之一，建于古希腊最繁荣的古典时期。它是为了纪念雅典战胜波斯侵略者的伟大胜利而建的，主要用于祭祀雅典娜女神。历经两千多年的沧桑巨变，如今神庙的庙顶已经坍塌，雕像荡然无存，浮雕剥蚀严重，但从巍然屹立的柱廊依然可以看出神庙当年的丰姿。

谁洗劫了帕特农神庙？

1687 年，威尼斯人与土耳其人作战时，炮火击中了帕特农神庙里的火药库，炸毁了神庙的中部。19 世纪初，英国贵族埃尔金勋爵将大部分残留的雕塑运走，给神庙造成了严重的损失。19 世纪下半叶，希腊曾对神庙进行过部分修复，但已无法恢复其原貌，现在神庙存留的仅有林立的石柱。

北京故宫的"9999间半"房屋

　　故宫是世界上现存的规模最大的古代皇家宫殿建筑群,又叫紫禁城,是中国明清两代的皇家宫殿。故宫以太和殿、中和殿、保和殿三大殿为中心,建筑面积约 15 万平方米,有大小宫殿 70 多座,房屋 9000 余间。

　　相传,故宫建成后共有房间 9999 间半,这真是一个奇怪的数字。为什么不凑足 10000 间这个整数,而偏偏要建一个"半间"呢?据说,天上玉帝的宫殿共有 10000 间房,而人间的皇帝是天帝之子,他的规格就得比玉帝低一点。这个所谓的"半间",是指文华殿后文渊阁西侧的楼梯间。实际上,这间小屋之所以造得特别小,是出于美观的考虑。

"永恒面颊上的一滴眼泪"

　　泰姬陵是印度莫卧儿王朝皇帝沙贾汗为爱妃泰姬·玛哈尔所造的陵墓。玛哈尔死后,皇帝悲痛欲绝。于是他邀请了著名的建筑师和工匠,动用了几万工人,耗费巨资,花了 22 年建成泰姬陵。这是一座全部用白色大理石建成的宫殿式陵园,洁白晶莹、玲珑剔透。在世人眼中,泰姬陵就是印度的代名词,泰戈尔也曾赞美泰姬陵是"永恒面颊上的一滴眼泪"。

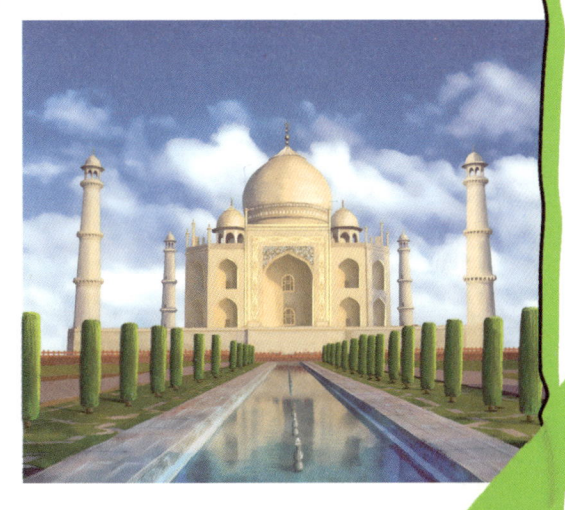

治病救人全靠它——医药

一天放学后，阳光姐姐到教室去看望同学们。大家聚在一起讨论着某个问题，一时间争得面红耳赤。阳光姐姐向四周看了看，没看到阿呆的身影。

本期出场人物：阳光姐姐、惜城、兔子、朱子同、咪咪、阿呆

> 阿呆去哪儿了，今天怎么没见他？

> 阿呆得了流感，在医院输液，所以请了两天假。

> 原来是生病了，我们去医院看看他吧。

阿呆同志，我们来看你了！
阿呆，你辛苦了，我们相信，你一定可以战胜流感的！
谢谢大家。不过你们来看病人都是空着手呀，没带好吃的吗？
阿呆，把我刚买的零食都给你吧！
感冒后应该吃一些水果补充营养，这些零食都是垃圾食品，对身体的恢复毫无用处。
阿呆，你感觉好一点儿了没有？
阳光姐姐，我输完这瓶液应该就好了，我明天就可以去上学了！
你都快好了，还好意思让我们带好吃的？！
好了也需要好吃的！
呜呜呜

流感虽然是小病,但它是传染性的。你们还是快回去吧,咱们明天见啊。

明天见!

真不敢想象,没有现代医疗条件的古人是如何抵抗种种疾病的。

其实医学产生得很早,原始人在与疾病进行斗争的过程中就已经掌握了一些医学知识,可以治疗一些疾病了。不过,他们治病的方法很原始,有时候为了治疗头痛,甚至会在脑袋上钻孔。

医疗技术救了很多人的生命啊!阳光姐姐,医学是什么时候产生的呢?

好可怕!!这还能活着吗?

可能性不大,只能听天由命。

可怜的原始人……

古埃及在公元前三千年前就创造了比较发达的文明，出现了最早的医生。不过他们的医术以宗教为基础，只能治疗一部分发烧、脱臼等。
那我们中国人在古时候怎么看病呢?
我们有中医啊。中医在很早以前就出现了，医生会通过针灸、艾灸、汤药、拔罐等方法，让病人的身体恢复到健康的状态，也称阴阳调和。
可现在很多人认为中医已经落伍了。我奶奶因为风湿病去看中医，可是吃了很多药都不怎么见效，所以我爸爸现在都不相信中医了。
中药讲究产地和时节。当然，中医也有局限性，一些传染病需要提前打疫苗预防。说到疫苗，我们就得感谢一个人了。

啊吧拉，啊咔啦，时空转移……
阳光姐姐，这次你又把我们带到哪儿来了？
18世纪末的英国，我们来见证一个伟大的时刻！
这儿的很多人都染了天花，健康的人也时刻面临着被感染的风险。
天花！那我们会不会被传染？妈妈，我要回家！！！
放心啦！我们小时候都打过疫苗。
即便没打也没关系，我们不属于这个时空，不会被传染的。不过天花的传染性非常强，在这个时代可以算是绝症了，根本无药可医。
感谢我妈把我生到了现代！

那位发现疫苗的医生呢？我们快去见他吧！
那位医生叫爱德华·詹纳，他的家就在这里。不过他去了奶牛场，现在还没回来，我们等一下吧。
他为什么要去奶牛场呢？去买牛奶吗？还是说牛奶能治疗天花呀？
爱德华发现，给奶牛挤奶的女工们经常会得一种叫“牛痘”的病，这种病很温和，对身体几乎没有影响，而得牛痘的人几乎不会感染天花。爱德华由此推测，牛痘可能有预防天花的作用，因此经常去奶牛场观察和研究。
嘿，有人过来了，他看上去好绅士啊！
别犯花痴了，快躲起来！
没关系，我给大家变一件隐身外套。啊吧啦，啊咔啦，隐身外套！

大家跟着爱德华进了他的家。
看那边，有人抱出来一个小孩。
这位先生就是爱德华·詹纳，他是世界上第一个发现疫苗原理的人。现在，他正要进行一个改变世界的医学实验。
这个孩子是他家花匠的儿子。现在，爱德华要先从牛痘患者身上起的水疱里提取出脓水，然后注射到这个孩子的身体里。
好…好吧……我就不看了，我怕疼！
起作用了吗？
当然，孩子马上感染了牛痘！
我还没说完呢！牛痘并不是严重的疾病，很快就会痊愈。但从那以后，这个孩子就对天花有了免疫力。这就证实了可以通过接种或者注射疫苗的方式来预防致命的病毒。疫苗的出现，不知道拯救了多少人呢！

这位爱德华医生真伟大，拯救了那么多人的生命，真的是造福万世。
是啊，19 世纪还出现了很多伟大的人。1846 年美国牙医威廉·莫顿发明了麻醉剂，减少了外科手术带来的痛苦；1895 年德国医生伦琴发现了 X 光，X 光在医疗上得到广泛应用；1898 年居里夫人分离出了镭，为癌症的放射治疗开辟了道路……这些人都值得我们尊敬！
我记得汉代的华佗老人家已经发明了麻醉药……
是的，叫麻沸散，不过后来好像失传了。真正意义上的麻醉药是 19 世纪出现的。
明白了。阳光姐姐，那我们现在去哪？
现在，嗯……去 20 世纪的实验室转转！
这次不会再碰上传染病了吧？
不会了，放心吧！啊吧啦，啊咔啦，时空转移！

他们来到了亚历山大·弗莱明的实验室。弗莱明正在进行实验，他拿起一个培养皿，看了看上面的斑点，若有所思。
看这衣着，这个人应该是科学家吧？
对。这就是英国科学家亚历山大·弗莱明，他发现了医学界的第一种抗生素——青霉素。
抗生素？青霉素？具体是干吗的呢？
抗生素是用来杀菌的，能够治疗多种细菌导致的感染。青霉素是抗生素的一种。
这个培养皿上面的霉菌斑点，好像把周围的细菌都杀死了。
对啊，说明这种斑点有杀菌的作用。过一会儿，弗莱明就会从斑点中提取出青霉素，这是医学界的第一种抗生素。

现在还太早。弗莱明并没有试图将青霉素用于医疗，只是将青霉菌的粗提取物作为鉴定细菌的工具。直到20世纪40年代，牛津大学的两位科学家才提取出纯粹的青霉素，它在“二战”中得到广泛使用。接下来我考考你们，现代医学还有哪些新发现？
这么说，我们很快就有青霉素用了！
我知道有计算机分层造影扫描仪，它可以检查脑部组织，我见我爷爷体检的时候用过。
超声波也是，它可以在电脑屏幕上勾勒出胎儿的图像，检查胎儿是否健康。
大家回答得都很棒！医学发展到现在已经有了较高的水平，虽然还有一些疾病没有被攻克，但未来的医学一定会有更大的发展。
好啦，医学之旅结束，我们回去啦！啊吧啦，啊咔啦，瞬间移动！
过了一会儿，他们出现在教室里。
再次感谢我妈把我生在现代！

科普小书房

人体解剖学的建立

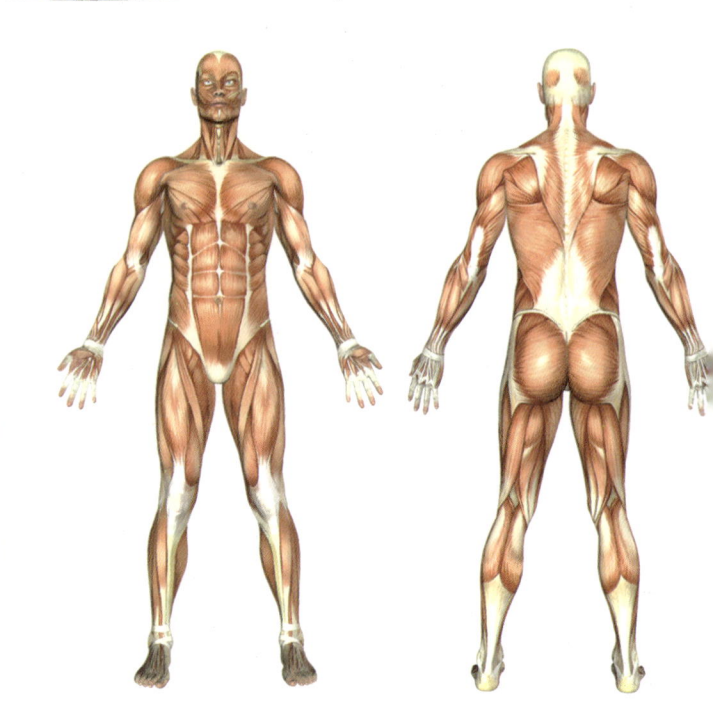

古人认为身体是灵魂寄居之处。在封建社会，人们禁止解剖尸体，因此，人体解剖学得不到发展。从15世纪文艺复兴起，人们开始关注人体本身，医学界也产生了一场革命。人们对研究人体的构造非常重视。比利时的医生维萨里是近代解剖学的创始人，他在1543年出版了《人体的构造》这本巨著，创立并奠定了人体解剖学的基础。

第一个听诊器的发明

1816年，法国医生雷奈克为一位胸痛的女病人看病，但由于病人体形肥胖，又是女性，不方便直接贴到她的胸部进行诊断。雷奈克突然灵机一动，想到少年时用木杆传递声音的游戏。于是他用纸卷成圆筒，置于病人的胸部，从而听到了病人心脏跳动的声音。听诊器就这样被发明了。雷奈克也被后人尊为胸腔医学之父。

麻醉剂的发明

早在公元 2 世纪，我国著名医学家华佗就发明了"麻沸散"，其被用作外科手术时的麻醉剂。他曾经成功地做过腹腔肿瘤切除术，肠、骨部分切除吻合术等。可惜"麻沸散"后来失传了。在西方的麻醉剂发明之前，外科手术是非常痛苦和可怕的。医生通常会先把病人打晕，然后再进行手术。1846 年，美国牙医威廉·莫顿在总结前人经验的基础上，用乙醚做麻醉剂，进行了世界上第一台麻醉手术。麻醉剂诞生了。

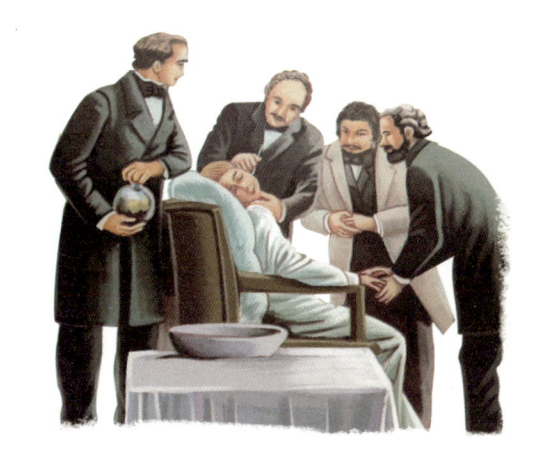

抗生素的滥用

1928 年，弗莱明发现了抗生素——青霉素。青霉素在"二战"时期得到广泛应用，使很多受伤的人避免了感染的风险。后来，随着时代的发展，抗生素也变得多种多样，但出现了滥用的情况。滥用抗生素不仅会催生很多耐药的"超级"细菌，使原来的抗生素失去作用，还会产生很大的毒副作用。人们已经采取措施去应对这一问题，比如研发新的抗生素、控制药品滥用等等，小朋友们也可以在看病时注意一下医生是否使用了抗生素药品哟。

显微外科技术

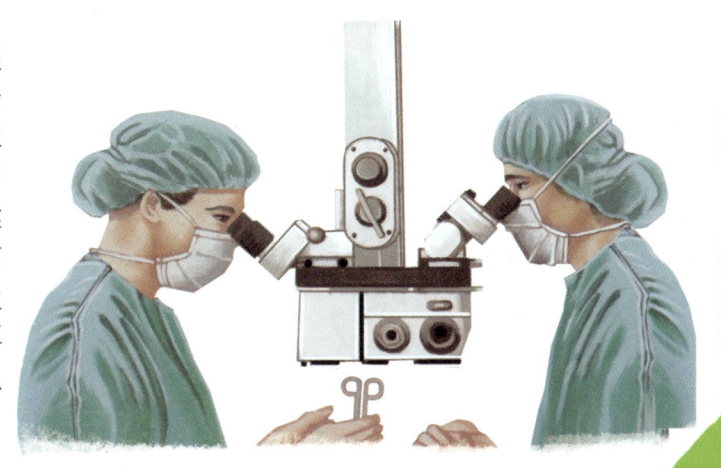

20 世纪 80 年代，显微外科技术得到进一步发展，使很多精细手术成为可能。人体有许多非常微小的组织，单靠人的肉眼很难看清，有了手术显微镜后，医生就可以把切断的神经再次连接起来，甚至可以在人的内耳中进行手术。

杀戮工具——武器

一个周末，阳光姐姐带领惜城、朱子同、兔子和江冰蟾去图书馆阅读四大名著。在阅读《三国演义》的时候，惜城和子同被里面的各种战争场面吸引，尤其是"草船借箭"的故事，更是让他们着迷。

本期出场人物：阳光姐姐、惜城、兔子、朱子同、江冰蟾

要是能穿越到那个时候该有多好呀，正好见识一下万箭齐发的壮观场面。

这有何难，我们让阳光姐姐帮我们一下不就得了。

啊吧拉，啊咔啦，时空转移。

大家在一瞬间来到了一条小船上，小船周围并排分布着许多类似的小船。

这就是草船借箭的地方吧？我记得书上说有20条小船呢，船上堆着一些草靶……

不过，听曹操军营的声音，他们离我们起码得有200米远，这箭能射过来吗？

弓箭依赖于有弹性的弓弦。古代士兵的力气非常大，他们把弓弦拉满后，200米的射程不在话下。

电视剧里的人射箭时会向斜向上射，这是为什么呢？为什么他们不笔直地射向敌人呢？

箭的飞行轨迹是一条抛物线，如果平射，根据物理定律，箭很快就会落到地面，射程会大大缩短。而向斜上方射出，箭的飞行时间比直接射向敌人要长很多，这样射程就会比平射时变得更长了。

可以想象，这么锋利的箭头要是射到人的身上，立刻就会扎出一个血窟窿……

把弓箭当作武器的始作俑者真是太可恨了，如果可以，我宁愿这种武器没被造出来。

其实弓箭刚出现的时候并没有被用于战争，而是被用于狩猎。

在大约3万年前，人类都是把棍棒、石头当作武器来打猎的，这些武器的攻击范围十分有限。后来，人类发明了弓箭。有了弓箭之后，人们就可以远距离杀伤猎物，不用与它们肉搏了，这也大大保障了人类的安全。

看来弓箭的发明原本也是一件好事呀，只不过在战争年代人们把它用错了地方。

那个时候还没有金属，箭头是用什么做的呢？
应该是石头吧！把石头磨尖磨薄，然后镶嵌到箭杆上。
没错，虽然那时候的弓和箭都比较简陋和原始，但这依然是人类文明的巨大进步！
那么那些刀剑，比如说青龙偃月刀，是怎么制作的呢？
工匠们将金属熔化，灌注到制作武器的模子里，然后捶打成形，就能制作出锋利的刀。不过，刀的雏形仍然是石器时代的锋利石块。
我最喜欢的兵器就是剑，腰间佩上一把，仗剑走天涯！请叫我剑客子同！
潇洒~~

为了让大家对武器有进一步的了解，阳光姐姐重新念动咒语。这一次大家来到了兵器博物馆，这里的兵器应有尽有，大家只来得及走马观花，匆匆浏览一番。

当然是中国了，这可是四大发明之一！

其实兵器可分成两类——冷兵器和热兵器，像刀剑还有弓箭都属于比较原始的冷兵器，杀伤力并不大，而后来出现的大炮、导弹等属于热兵器。它们的区别就在于有没有使用火药。火药在武器的发展中起到了至关重要的作用。同学们，你们知道火药是哪个国家发明的吗？

哎哟，我的祖先真伟大！

轰

是的。据说是中国古代的炼丹术士在炼制丹药的时候偶然造出了火药，把他们炼丹的地方都烧毁了，这也让他们知道了火药的厉害。火药出现后，大炮、火枪之类的新武器也应运而生了。

那冷兵器岂不是面临着被淘汰的命运？

是啊，不过最开始人们只是利用了火药的燃烧性能，再后来才逐步过渡到利用火药的爆炸性能。在现代，利用火药的武器，大都是利用其爆炸产生的热量和气流打击敌人的。

火药的出现是战争史上的重大转折啊！
是的，火药在一定程度上改变了军队的作战方式，武器也变得越来越高级。17世纪以后，出现了很多种步枪和手枪，第一次世界大战催生了很多重武器。
第一次世界大战时死伤了很多人，原因就在于第一次世界大战时应用了很多新式武器。比如重机枪，它用长长的带子输送子弹，可以连续射击；还有空投炸弹，不过那时候投弹不是自动的，还需要人工投弹。我最喜欢的坦克也在“一战”中出现了，不过没得到重用，它在第二次世界大战时才大显身手。当然，“二战”时最有威力的武器当属原子弹，这也是核武器第一次出现在战争中。
没看出来，子同，原来你是“武器专家”啊！
我对近代的战争和武器比较感兴趣。

第二次世界大战后，人们意识到现代战争远不是传统的武器较量那么简单，于是开始了疯狂的核武器竞赛。原子弹、氢弹、中子弹等核武器技术相继被美、俄等国掌握。不过这些武器的杀伤力实在太大了，如果真的发动核武战争，那整个地球都会被摧毁，所以现在核武器受到严格控制。

"二战"以后，和平与发展成了世界各国的共识，武器的发展方向以近身自卫为主。

大家看这把枪，它就是大名鼎鼎的AK-47冲锋枪，由苏联的卡拉什尼科夫设计，1947年开始生产，现在仍然有很多国家在使用，是当之无愧的枪王之王！

AK-47结构比较简单，分解容易，适合较近距离的战斗。它的性能十分可靠，即使你把它扔在泥潭里一段时间，再拿出来照样能正常使用。

这么强！！

阳光姐姐，我们能看一下它的内部结构吗？

没问题，这把步枪确实值得大家好好了解一下！

啊吧啦，啊咔啦，变小变小！

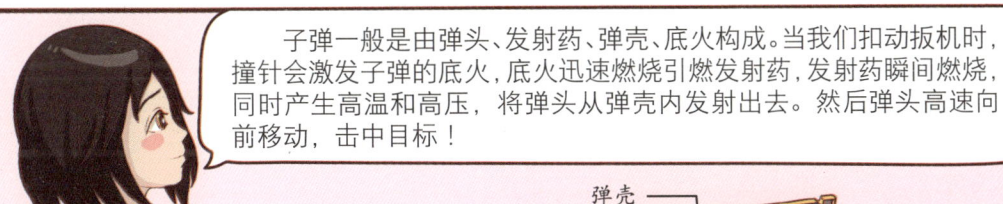

比起左轮手枪，这里装的子弹算是多的了。对了，这些子弹是怎么射出去的呢？

我们现在在这把枪的弹匣中，这里很大，一共能装30发子弹。

子弹一般是由弹头、发射药、弹壳、底火构成。当我们扣动扳机时，撞针会激发子弹的底火，底火迅速燃烧引燃发射药，发射药瞬间燃烧，同时产生高温和高压，将弹头从弹壳内发射出去。然后弹头高速向前移动，击中目标！

弹头　　发射药　　弹壳　　底火

长知识了！我还以为子弹是弹簧弹出来的呢！

我在想，如果把这些子弹里的火药换成氢弹里的物质，那杀伤力不是更大吗？

火药的爆炸威力和氢弹的爆炸威力不可同日而语。即使是子弹头这么小的氢弹，也足以让方圆百米内的一切物质灰飞烟灭了，这样就不是近身战斗了。

我们现在在这把枪的机心匣里，这是枪支最重要的组件。

我们后边这些是什么零件？

这是扳机、撞针、快慢机/保险装置，以及单发杠杆，它们是发射子弹和控制连发、单发的装置。

自动扣机
瞄准标尺座
扳机
扳机减速器基座
自动击发杆杠杆
撞针弹簧
扳机减速器弹匣扣
快慢机的扇面
（点射和连射）

是的，这个快慢机比较有意思：扳一下是保险状态，不会射出子弹；再扳就是连发状态；扳到底就是单发状态。

现在，我们再到前面的枪栓去看看吧。

枪栓又是干吗用的？

子同，我简直对你刮目相看……

在换子弹的时候，需要拉一下枪栓，从而使枪机框后退，将枪膛里的弹壳抽出抛掉。枪机框后退到位后，利用复机弹簧的推力将枪机框向前推动，同时推动子弹上膛，然后才能再次瞄准射击。

大家继续往前走。

我们现在在枪管中,子弹就是通过这个管道射出去的。我们的上方还有一个导气管,它连接着枪管和活塞,子弹射击时产生的高压气体经过导气管推动活塞,完成抛壳、上膛和撞针复原的动作,使枪可以连续射击。

真没想到枪居然有这么多部件!

一把枪的功能的实现就是各个零件相互配合的结果,这提醒了我们什么?

要团结友爱、互相配合。

对啦!团结起来力量大!

大家爬出枪管,阳光姐姐念动咒语,大家都恢复了原来的大小。

53

科普·小书房

最早的弓箭

在原始时代,人们都是用石头和棍棒打猎的。但这种武器太过简陋,很难打到猎物。为了生存,他们发明了弓箭。弓箭射程远,命中率高,携带方便,大大加强了人类与自然界做斗争的能力。它的出现,是原始社会技术进步的一个显著标志。

最早的大炮

火药最早是由中国的炼丹术士发明的,不过将其发扬光大的却是军事家。火药产生两个多世纪后,军事家们掌握了火药的配方,他们后来发明出了使用火药的新武器——大炮!早期的大炮非常简陋,由炮架和炮筒组成,它被钉在木板上,只能固定在地上使用。大约在13世纪,大炮被传到了欧洲,在那里派上了大用场。火药和大炮炸毁了骑士阶层的城堡,促进了资产阶级的发展,使西方由冷兵器时代进入热兵器时代。

最早的"手榴弹"——瓷蒺藜

瓷蒺藜可以算得上是最早的"手榴弹"了，它是中国古代少数民族政权西夏王朝发明的。瓷蒺藜是一个瓷球，上面布满尖刺，它的中间是空的，里面装火药。瓷蒺藜爆炸后碎裂的瓷片射向四面八方，威力非常大。

原子弹爆炸

原子弹是核武器之一，具有巨大的杀伤力和破坏力。原子弹诞生于"二战"时期。1945年，美国在广岛和长崎上空投下了两颗原子弹，这两座城市瞬间被夷为平地，约30万人丧生。这是人类历史上第一次而且是唯一一次使用核武器来打击敌人的战争。

从无到有的信息交流

一天,风和日丽,阳光姐姐约惜城、兔子、阿呆和咪咪去郊游。时间快到了,几个人都到达了约好的地点,只有阿呆迟迟没有出现。

本期出场人物:阳光姐姐、惜城、兔子、阿呆、咪咪

阿呆怎么还没到呢?

是不是堵车了?

我猜可能是睡过了头,这家伙最爱赖床了,打电话催他!

现在交流起来真方便，有事打个电话或发个信息就搞定了。如果在以前，就得跑到他家里喊他起床！
不用，你可以给他发摩尔斯电报！
不用，你可以派一只信鸽去给他送信！
不用，你可以击鼓传声或者用狼烟通知他！
我怎么听不懂你们在说什么？哼，欺负人家读书少！
阳光姐姐，干脆这次我们别去郊游了，了解一下人类交流与传播技术的发展不是挺好的吗？
这时候，阿呆终于气喘吁吁地赶到了。
阿呆，我们现在决定不去郊游了，大家想去看看信息交流的发展史！
啊！幸亏跑得快，没错过这么精彩的探索！
啊吧啦，啊咔啦！
时空转移

他们来到5万年前的一天，发现有两个原始人正在打猎。

他们比画来比画去，是在干什么？干吗不用语言进行交流呢？

这个时期人类还不会说话。他们的声带只能发出一些非常简单的声音，就像猿类一样。交流的时候主要靠动作和表情。

人生如戏，全靠演技啊！

他们能看懂对方的意思吗？

当然可以，他们的动作和表情就和我们的语言一样有表现力。

一个人用手势跟另一个人比画着什么。

这是要干吗?

我猜是在商量怎么布置陷阱抓猎物。

或者是想到了昨天吃的好吃的,交流一下?

其实,那个人跟另外一个人"说"的是猎物不好打,怕今天不能带回去食物,所以应该先采集一些野菜和野果子,然后再想办法打猎。

这样交流起来好费力啊!人类是什么时候才开始使用语言的呢?

原始人类也觉得这样交流起来比较费力,所以在接下来的时间里开始慢慢练习说话。再后来人们还创造了其他传播信息的方式,我带你们去看看。

胜利

啊吧啦，啊咔啦，时空转移！他们来到公元前490年的雅典，一大群雅典士兵正在欢呼庆祝。

阳光姐姐，他们在庆祝什么？

他们在庆祝战争的胜利，这里是马拉松，雅典人刚刚在这里打败了波斯军队。他们利用地形优势以少胜多，取得了大捷，这就是历史上著名的马拉松战役。

那个将军跟一个士兵说了几句话，那个士兵就着急地跑起来了，他要干吗去呢？

我们过去问问那个士兵吧。啊吧啦，啊咔啦——！古希腊语言！

大家赶紧追上去向那个士兵询问。

您好，您这么着急要赶去哪里啊？

我要赶回家乡，告诉亲人们雅典保住了！我们胜利啦！

可是这里离雅典还很远，您要这样跑过去吗？
没关系，我擅长长跑，这也是将军把报信的任务交给我的原因。我得赶紧走了，再见朋友们！
大家望着士兵奔跑远去的背影。
这个士兵为了尽快把胜利的消息告诉雅典人，连续跑了约 42 千米。到达雅典的时候他只喊出了“我们胜利了！雅典得救了！”就倒在地上死去了。后来人们为了纪念马拉松战役和这位士兵的壮举，设立了马拉松长跑这个运动项目。
原来马拉松长跑就源自这里啊！如果那时有电话或者手机就好了……
没办法，在古代，消息的传播只能以这样的方式进行。后来还出现了用信鸽送信和用烽火狼烟传报消息的方法，直到摩尔斯发明了电报机后，人类的交流才真的算是提速了。所以……啊吧啦，啊咔啦，时空转移！
去看电报机啦！

他们来到19世纪30年代，实验室里，一个人正在鼓捣着一个奇怪的机器。
您好摩尔斯先生，我们是中国的学生，非常热爱科学。听说您在研究电报机，所以我们想参观参观！
欢迎你们啊，不过你们的衣服有点奇怪啊！你们国家的人都是这样穿的吗？
啊……因为我们比较前卫，喜欢穿奇装异服，您不要介意啊！
哈哈，没关系，年轻人嘛，只要热爱科学，热爱学习，就是好孩子！
我的设想是用一条电线连接两个电报机，使其能通过不间断或间断的电流来传递电码，然后再把电码翻译成文字。
摩尔斯先生，您能给我们讲讲这个电报机的原理吗？我们从来没见过呢。

可是人们怎么知道电码代表着什么意思呢?
这个问题我也想到了，所以我用点号（.）和短线符号（一）的组合来代表26个字母和10个阿拉伯数字。点的声音短按，发“滴”，短线符号的声音长按，发“答”。像A就是滴答，B就是答滴滴滴。这样，接收员只要听到了滴滴答答的电码，就能把其中的意思翻译出来了。
您的发明改变了人类的通信方式啊，您真了不起！
哪里哪里，你们这些热爱科学的孩子才是世界的未来。我一直在进行实验，试图改进这台机器，希望能尽快投入使用。
再见孩子们！
我相信您很快就能成功的！摩尔斯先生，希望您梦想成真！我们就不打扰了，再见！

摩尔斯先生真伟大！
是啊，电报的发明使人们能快速地传播消息。但发电报也有点麻烦，因为人们需要先把消息译成电码再发出去，对方收到电码后也需要再译成文字，于是，人们又研究出了一种更先进的机器。好啦，啊吧啦，啊咔啦——！时空转移！
不知道又要把我们弄到哪里去！
他们来到1876年，美国的一个实验室里。为了不被人发现，阳光姐姐用咒语给他们变出了隐身外套。
我们现在在贝尔的实验室里，他正在做实验！
这个大机器就是贝尔发明的电话吗？
没错，这个电话机的原理是人对着话筒说话时，声音使话筒底部的膜片随声音振动，进而带动一片磁性簧片同步振动，使电磁线圈中产生了对应的感应电流，电流通过导线使另一端受话器上的膜片产生相应的振动，从而把声音还原出来。

贝尔专心做着实验，不小心把硫酸溅到了身上，他痛得对着话筒向另一个房间里的助手大叫！
华生
快来帮帮我！
啊！
这一定很痛！他的助手听到他的声音了吗？
听到了，电话实验成功了，这声求助成为世界上第一条由电话机传递的信息。
这么说人们可以用电话即时传递声音了？我们用的手机是不是也快出现了？
还早着呢！又过了大约100年手机才出现，它和电话的功能一样，但是可以随身携带，到处移动。人类进入网络时代后，信息的传播与交流方式更是发生了巨大的变化，一条消息只要传到网上就能立刻传遍全世界！好啦，我们要回现代去了。啊吧啦，啊咔啦——时空转移！
没有时间郊游了吧？我们把好吃的吃了吧！
不一会儿，他们就回到了现代。
太好了，正好我们也饿了！

科普小书房

击鼓传声

人类学会说话以后，彼此之间可以用语言进行信息交流。但他们认识到，想与距离很远的某个人交流消息往往既费力还耽误事。他们发现鼓声可以传播到很远的地方，于是，他们就用鼓声来表达一些信号，从而用鼓声进行远程交流。鼓声的节奏很重要，不同的节奏包含着不同的含义。

烟雾信号

在古代，烽火是非常重要的信息传播手段，尤其是在战争中。古人往往会在边界修建很多烽火台，台上通常会备有干柴，并有专人看守。遇到敌情时则点燃烽火，山峰之间的烽火台可以迅速传递消息，通知军队做好作战准备。

飞鸽传书

由于古代通信不方便，聪明的人类便利用鸽子会飞、会辨认方向等多方面优点，让驯化了的鸽子送信。人们把信件绑在鸽子的腿上，然后把它们放飞，经过训练的鸽子知道自己的目的地，通常都能忠实地把信送到。这在一定程度上节省了人力，提高了信息传播的速度。

邮政马车

在 17 世纪，英国人的信件一般都是由骑马的邮差来传递的。但是很多人都抱怨他们速度太慢，耽误时间。大约在 18 世纪 70 年代，英国出现了一种邮政马车。这种马车速度很快，比骑马的邮差的效率高了几倍，不过邮费也比较昂贵。

贝尔的电话

美国人亚历山大·格拉汉姆·贝尔是聋哑儿童学校的老师，有一天他突然有了一个想法：如果无论距离多远两个人都能直接交谈，那该多方便！贝尔和他的助手经过反复实验，终于在 1876 年制成了第一台电话机，贝尔还用这台电话和隔壁的助手进行了通话。1892 年，纽约到芝加哥的电话线路铺设完成，贝尔进行了第一次试音："喂，芝加哥——"这个声音被永远地记录了下来。

在电话刚发明时，两台电话机之间并不能直接进行联系，通话需要经过城市电话局的总交换机。如果你想给一个人打电话，就要拿起电话听筒，告诉总交换机的接线员你想要和谁通话，由接线员把线路接通。如果你的朋友住在其他城市，你所在城市的接线员还要联系那座城市的接线员。

卫星通信

卫星通信技术是一种以人造地球卫星作为中继站来转发无线电波的通信技术。1958 年 12 月 18 日，美国成功发射了世界上第一颗通信卫星"斯科尔号"。自 20 世纪 90 年代以来，卫星移动通信技术得到迅猛发展，已经成为全球个人通信的重要媒介，现代的手机和电视机有很多都是利用卫星来进行信息处理的。

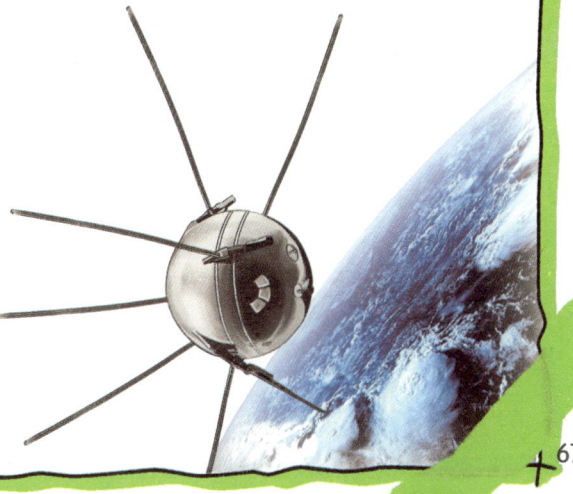

人类文明史的开端——文字

这天放学后，惜城、兔子、阿呆和张小伟都在教室里发愁。他们需要复印一些明天用的试卷，但是学校的打印室没开门，周围也没有打印店，这可把他们急坏了。

本期出场人物：阳光姐姐、惜城、兔子、阿呆、张小伟

这有何难，看我的！

阳光姐姐好厉害！

68

阳光姐姐，你可帮了我们的大忙！不然明天我们肯定会被老师批评！
感谢阳光姐姐，感谢复印机！话说，在没有复印机的年代是怎么复制文字的，全都靠手抄吗?
这个问题……或许你可以体验一下连印刷术都没有的日子……
你还可以想象一下文字产生之前是怎么记录事情的……
你还可以体验一下连纸都没有的生活……
我还是不去体验了吧，现代挺好的……
阳光姐姐，没有文字之前人们是怎么记录事情的呢?
他们有自己的记录方式，比如结绳记事：发生一件事，就在绳子上打一个结，发生两件事，就打两个结，以此类推。
这也太随意了吧，如果一天之内发生了几十件事情呢，那岂不是乱套了?

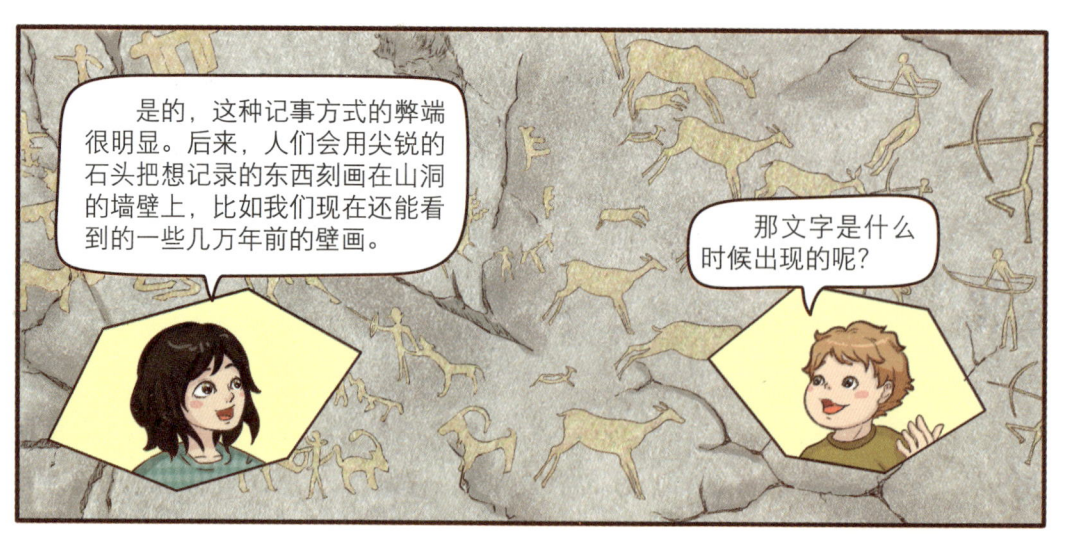

是的，这种记事方式的弊端很明显。后来，人们会用尖锐的石头把想记录的东西刻画在山洞的墙壁上，比如我们现在还能看到的一些几万年前的壁画。

那文字是什么时候出现的呢？

在5000多年前，人们开始用字符来记录发生的事。那时的古埃及和中国都有了早期的文字，这些文字都是从简单的图画演变而来的，那就是古埃及的象形文字和中国的甲骨文。

甲骨文？好奇特！

来吧，我们去文字博物馆看一看。

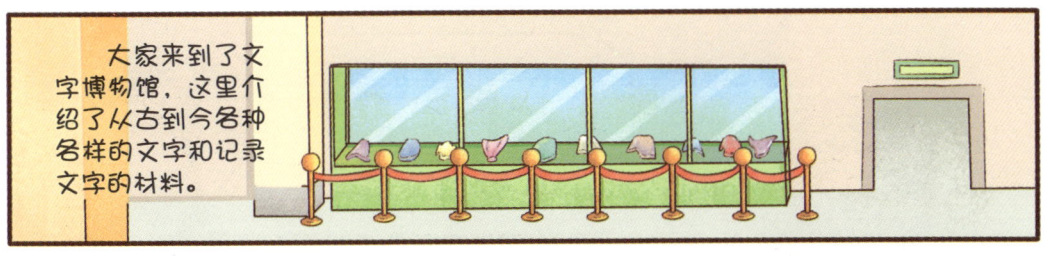

大家来到了文字博物馆，这里介绍了从古到今各种各样的文字和记录文字的材料。

阳光姐姐，这些就是甲骨文吧？可我一个字都看不懂。

那上面都记了什么内容呢？

是的，这是很早以前的商朝用的文字，它比较抽象，看不懂很正常。

这些文字一般都和占卜有关。商朝人很迷信，遇到大事小事常会先进行占卜，然后把占卜的结果和过程刻在龟甲或兽骨上，所以后人把这种文字称为甲骨文！

最初他们把文字刻在石碑和墙壁上，后来他们发明了莎草纸，但它并不是现代意义上的纸。

那古埃及人把他们的文字写在哪里呢？也刻在动物的甲壳和骨头上吗？

在纸出现以前，中国的古人在竹简和绢帛上写字。竹简太重，不便运输，绢帛价格昂贵，普通人用不起。后来，勤劳聪明的古人在实践中发明了纸。
纸真是太重要了！没有纸，文明根本就没办法传播，社会也不会进步。
你们光说纸，没有书写工具，纸造得再好也没用呀。
是的，人们经常用各种笔在纸上记录事情。不过早先可没有钢笔和圆珠笔，那时外国人最爱用的是羽毛笔，而中国人最喜欢用的是毛笔。
这两种笔只差一个字，它们是用相同的材料制成的吗？
羽毛笔是用天鹅、火鸡、家鹅、乌鸦、鸭子等鸟类身上的大型羽毛制成的笔。而毛笔则会选取狼、黄鼠狼、老鼠等动物的细毛来加工成笔头，再用竹子等材质做成笔杆——二者共同组成了毛笔。不过，羽毛笔和毛笔都要蘸墨汁才能书写。

阳光姐姐，纸是东汉的蔡伦发明的吗？
有了纸，离发明印刷术就不远了！有了印刷术，就离现代文明不远了！怪不得造纸术和印刷术都属于中国的四大发明呢。
纸在西汉就出现了，但制作粗糙、书写不便。东汉的蔡伦改进了造纸术，他用树皮、破布、废渔网等作为原料，造出了价格低廉、质量上乘的纸。
我知道，那个叫毕昇的发明家发明了印刷术。
不对，唐朝就出现了雕版印刷，确切地说，毕昇发明的是活字印刷！
兔子果然是学霸啊。印刷术大约出现于唐朝，人们在木板上雕刻好要复制的内容，然后涂上墨汁，再把纸覆盖在木板上，轻轻拂过，字迹就留在纸上了。但一块印版只能供一本书使用，费时费力，后来，北宋的毕昇发明了效率更高的活字印刷。
真想去看看毕昇他老人家是怎样制作书籍的……
哈哈，这有何难！大家准备，我们去北宋瞅瞅。啊吧啦，啊咔啦——！时空转移！

大家找到毕昇的家，走进院子，看到毕昇正领着一群人在忙碌着。
毕昇先生您好，我们都很喜欢读书，听说您在研究活字印刷，所以特地来拜访。
欢迎你们。我正在雕刻活字，你们随便参观。
先生，请问这些活字是用什么做的呀？
这些是用胶泥做的，一个字占一个格，刻好之后用火烧硬，活字就做好了。
刻好活字之后如何印刷呢？
印刷之前，还需要制版。在铁板上铺一层松香、蜡、纸灰等的混合物，在铁板周围嵌上铁框，在里面排好需要印的活字，然后放到火上烤。等模板冷却后涂上墨就可以印刷了。印完后把活字拆下来，下次还可以使用。
您真是太厉害了！我们不打扰您了，告辞啦。
毕昇先生再见！
大家再见！

阳光姐姐念动咒语，大家瞬间又回到了现代。
毕昇先生真伟大，怪不得他能流芳百世！
活字印刷确实了不起，但在当时并没有得到广泛应用，后来这种印刷在欧洲得到了广泛应用。
为什么呢？活字印刷明明更方便啊！
中国的汉字太多，需要制作大量的活字，而欧洲语言只需要多做一些字母就行了。
想想也是，古代文人无论是学习还是考试，都离不开四书五经，这些书用雕版印刷就可以了。
是的，这些书每一页做一个模板就可以印刷了，其他新书需要大量印刷的很少，所以干脆就用手抄了，而活字印刷的前期准备工作太耗费时间了。
好可惜！

阳光姐姐，活字印刷是什么时候开始在欧洲流行起来的呢？
1450 年，德国的古登堡制作出了第一台金属活字印刷机。他将铸好的金属字蘸满油墨，按需排列，然后通过螺旋压力机将它们压印在纸上，一篇文章很快就印好了。

古登堡发明的印刷机也是金属的吗？
不，只有活字是金属的，印刷机还是木质的。全金属的印刷机到 19 世纪才出现，它更加结实可靠，而且利用推杆自动进纸，大大提高了印刷效率。
我们现代用的打印机一般是激光打印机和喷墨打印机，它们是在 20 世纪 60 年代到 80 年代出现的。后来人们还把电脑和打印机结合在一起，这样就可以通过电脑打印自己需要的东西了。

真是科技改变生活啊！
那当然，这些新技术使文字复制更加快捷，直接改变了我们的复制方式。
随着电脑的普及，现在有很多人已经开始在网页上浏览和阅读书籍了，有些传统的书还被做成了音频和视频的形式。
如果继续发展下去，纸质书籍和打印机会不会消失啊？
真的有可能。虽然这是新技术，不过我还是喜欢那飘着淡淡幽香的纸质书籍。
大家纷纷点头，表示赞同小伟的看法。
赞同
那还等什么，赶紧去阅读我们心爱的图书吧。
好啊！

科普小书房

史前壁画

象形文字

在文字还没有产生的早期社会，人们都是通过图画来记录日常生活中的事件的。随着社会的发展，绘画逐渐演变成了象形文字。大约在 5000 年前，古埃及人发明了象形文字。这种文字非常原始，很难看懂，后来连埃及人自己也无法释译了。其他国家也产生了原始的文字，比如苏美尔人的楔形文字以及中国的甲骨文，它们都是从简单的图画发展而来的。

甲骨文

楔形文字

象形文字

蔡伦造纸

在中国的古代，文字起先是刻在龟甲和兽骨上的，后来出现了绢和竹简这些书写载体，但造价较高，普通人不太用得起。在西汉时期，有人开始采用一些较便宜的植物纤维来造纸，可这种纸十分粗糙，不便书写。到了东汉，蔡伦采用了树皮、麻皮、破布、废渔网等常见的材料，把它们捣碎，做成纸浆，再用席子过滤掉水分，使纸浆在席子上铺成薄薄的一层，晒干后的纸浆就成了纸。蔡伦造出的纸原料简单，便于携带和书写，而且大大降低了书写载体的价格。

古登堡活字印刷

活字印刷最早出现在中国，但却没有得到广泛的应用。后来，这项技术在欧洲大获成功。1450年，德国的古登堡用金属铸造了一个个凸起的字，他在这些金属字上涂满油墨，通过螺旋压力机将它们印在纸上。这项技术迅速地推动了西方科学和社会的发展。

卡尔森的复印机

美国的卡尔森是一位律师，经常需要把一份文件抄写多遍，这项工作既烦琐又容易出错。于是，卡尔森决定设计一种机器来做这项工作。他用棉布摩擦一块涂有硫黄的锌板，使之带电，再把文字印在一张显微幻灯片上，并将这张幻灯片放在锌板上，进行强光照射。硫黄是一种光导材料，幻灯片拿走后，那些文字的镜像就留在了硫黄上。他使用这种覆有硫黄的锌板制造了第一台"复印机"。

各种各样的能量

一个周末，阳光姐姐、惜城、兔子、阿呆和咪咪相约去郊游。正值晚春，百花齐放，鸟语花香，处处呈现出一派生机勃勃的景象。大家看够了美景，便躺在草地上，沐浴在暖暖的阳光中。

本期出场人物：阳光姐姐、惜城、兔子、阿呆、张小伟

> 晒着太阳，吃着美食，这就是我人生的一大追求！

> 阿呆，你的人生追求还真是容易实现。

阳光姐姐，为什么太阳照在身上会让人觉得暖洋洋的呢？
因为阳光里有能量啊，你的皮肤和衣服吸收了热能，自然就觉得暖和了。
这样说来，在很久之前，原始人也能像我们一样享受阳光的能量吧。不过，天黑之后他们怎么办呢？
没办法，人类无法控制太阳的起落，所以太阳一落山，大家都会躲到山洞里面，然后就只能睡觉了。那时候没有火，也没有电……
没有电，不能看电视，不能用手机……
没有火，不能吃到美味的烤串……
不过，不要低估他们。有一天，这些原始人发现了火的作用。不过自然界的火种很不好保存，渐渐地，人类又掌握了钻木取火的技能。

火算是一种能源吗?

简单地说,能源就是能提供能量的物质。火只是能源燃烧过程中产生的一种能量形式,是能量的一种。大家开动脑筋想一想,还有什么是能够带来能量的能源呢?

还有水,在古代人类就开始运用水能来磨面粉了。

木炭,它们燃烧时能释放出光和热。

在一些草原上,人们会点燃动物的粪便来获取能量。

这有什么,现在农村很多人家都用沼气生火做饭,沼气来自于人畜粪便、秸秆、污水……

其实煤也是人类很早就开始使用的能源，我国早在2000多年前的西汉时期就开始燃煤取暖了。

哇，人们那么早就开始用煤了吗？我以为这是近代才有的事。

原来是这样。怪不得人们都说煤炭是"工业的食粮"呢！

过去，人们用的都是地球表面的煤。到了18世纪以后，人们才开始大规模开采地下煤。一直到现在，煤仍然是一些国家工业和生活的主要能源。

还有"工业的血液"——石油，这也是现在的主要能源之一。利用石油可炼制汽油、煤油、柴油等燃料油，还可制造合成纤维、合成橡胶、塑料，以及农药、化肥、药品、染料等。

虽然石油和煤都是很重要的能源，但是炼油和烧煤都不环保。

是的，煤炭和石油燃烧后会产生大量的污染性气体，所以现在人们正在积极寻找能代替它们的绿色能源，像水能、风能、地热能、太阳能等等。

阳光姐姐，人类不是在很早的时候就开始利用水能了吗？
以前是直接利用水的机械能，现在是利用水的机械能转化成的电能。你们知道中国最大的水力发电站是哪一座吗？
我知道，是三峡水电站！它不仅是中国最大的水力发电站，而且是世界上最大的水力发电站！
是吗？真想去膜拜一下那些工程师的智慧呀！
你是想去旅游吧，呵呵……
好啊，我正好想带大家去参观一下三峡大坝呢。
啊吧啦，啊咔啦——！瞬间移动！
大家出现在长江里的一艘船里，抬头望去，只见三峡大坝像一条银色的长龙横卧江面，气势磅礴。
水声轰鸣

大家看，我们面前的三峡大坝全长2309.47米，坝高185米，是当今世界上最大的水力发电设施！
太宏伟！太壮观了！
阳光姐姐，我有点担心，这条船能靠近大坝吗？水流那么大，我们的船不会被冲坏了吧！
那三峡大坝是怎么发电的呢？
你说的那是泄洪通道。泄洪是用于调节水量和库容的，我们的船不能从那里过的。你看，在水坝的一侧有专门让轮船通过的通道！
水坝中间是泄洪区域，两边是发电区域，这里一共安装了34台总容量为2250万千瓦的水轮发电机组。之所以把水坝建得这么高，就是要利用水下降时势能转化的动能，水推动水轮转动，然后带动发电机发电。
真是了不起！不过我们还是快走吧，这里的声音太大了，我的耳朵都快被震聋了！
好吧，既然你们嫌吵，我们可以去安静的核电厂看看。啊吧啦，啊咔啦——！瞬间转移！
哎哟喂，核电厂不是更危险嘛……

一会儿,他们来到了一座核电厂。接待员阿姨领着他们经过了一道又一道大门,终于进到厂区里。

我们……要进去吗?

当然啰。

那我们……还能活着出来吗?

但愿吧!

你们放心,核电站的安全措施非常严格,每年还会投入大量资金来维护设备,很安全!请大家穿戴好防护装备,我们要进去了。

阿姨,这个大机器是干什么用的呢?

这个啊,是汽轮机,它的旁边连着发电机。核反应堆加热水产生的大量蒸汽被收集起来,以便推动汽轮机转动,进而带动发电机转动,于是电就产生了。

旁边那几根管子和那个大罐子呢?

那几根管子是为了引进来海水,以便把蒸汽冷却成凝结水。下面那个大罐子就是冷凝器,里面装的就是蒸汽冷凝成的水。

接着，他们经过了一项更加严格的检查，进入了安全壳。
安检
现在，我们已经在安全壳里了。这里是核电厂的核心部分。
安全壳是用来干吗的？
安全壳是为了保护这里面的设备，万一发生泄漏，它可以减小泄漏波及范围。安全壳非常厚，采用的是特殊材质，一般的地震、龙卷风不会对它造成什么影响。
如果我们住的房子也有这么高的安全系数就好了……
你想得可真美……它的造价可高啦。
这堵墙后面就是核反应堆了，再往前就是核电站的出口，大家参观完就可以出去了。
啊……离反应堆那么近啊……
这大概是最危险的游览了！

从核电厂出来后，大家在路上聊天。
真不敢想象我们居然能离核反应堆那么近！
其实核电是比较清洁的能源。法国的核电发电量约占总发电量的75%，我国的只占3.5%左右，大部分都是火力发电，也就是烧煤发电。
风能不也是非常清洁的能源吗？为什么不推广风力发电呢？
转 转 转
风力发电太占空间了，并且发电量太小。假如一个城市完全依靠风能的话，它就需要用30%的面积来建风力发电厂。
而且也受地域限制，有些地方的风能并不丰富。

那太阳能呢？太阳能应该没有地域限制，哪里都可以晒到太阳……
确实，太阳能也属于清洁能源，通过房顶或者墙壁上的太阳能集热器来收集热量，然后就可以对水进行加热，只不过受天气的限制。
可是，如果阴天了，连着几天不出太阳呢？
啊，好吧。
我家房顶就有太阳能集热器，平常还是挺好用的，就是连着几天阴天的时候不太方便。
从最初人们通过晒太阳直接获得能量，到现在人们将各种能量转化成电能，科技真是了不起！
发展清洁能源还是很有必要的，因为能源总有用尽的一天，我们必须节约能源。
说得对！好了，这一次的探索就结束了，大家……
我们接着郊游吧！
Happy

科普小书房

最初的火光

闪电为早期人类带来了火，人类第一次感受到了来自太阳以外的热。在距今约 50 万年前，原始人学会了控制和掌握火。火的利用给人类的生活带来了很大变化，例如火被人用来照明、烤熟食物、温暖身体、驱赶野兽等等。

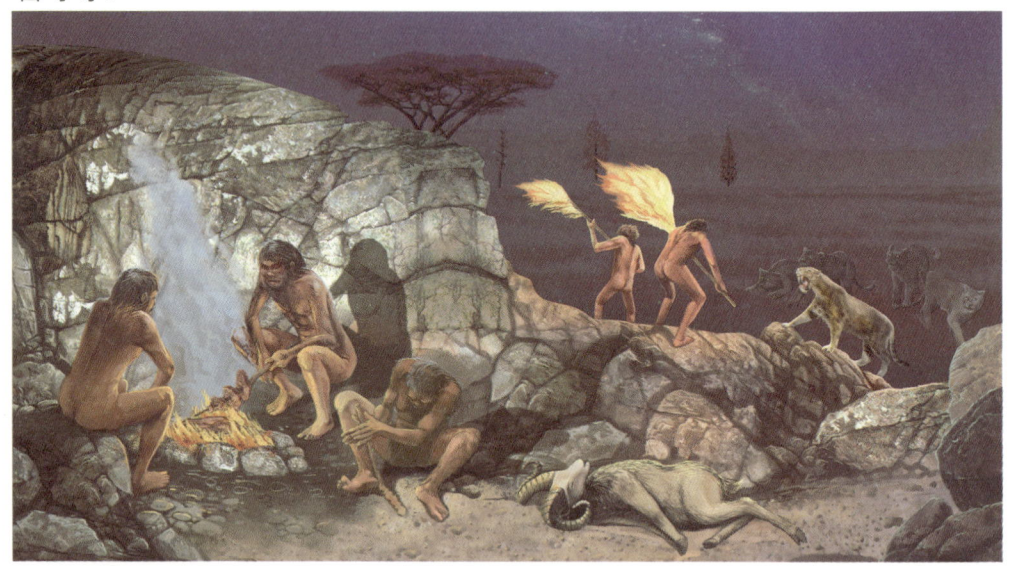

煤炭的利用

在很久远的年代，一些树木被埋藏在了地下。经过长时间复杂的变化，它们逐渐变成了可燃性矿物——煤炭。早在 2000 多年前的中国，人们就开始利用地表的煤炭来取暖了。工业革命后，煤炭成为世界各国的主要能源。一直到今天，煤炭仍然在燃煤发电、化工等领域发挥着重要作用。

筒车的发明

筒车是干什么用的呢？它可不是一种载人的车子，而是利用水能来提水灌田的工具。在距今 1000 多年前的唐朝，筒车被广泛应用。它利用水流转动车轮，使装在车轮上的筒装水。当装了水的筒转过轮顶时，筒中的水倾入水槽，并沿水槽流向田间。

核反应堆工作原理

　　核反应堆发生核反应，产生热能，热能加热水，从而产生高压蒸汽，高压蒸汽通过管道推动汽轮机转动，汽轮机转动带动发电机转动发电。高压蒸汽再被水冷却，冷凝的水被回收利用或直接被排放掉。

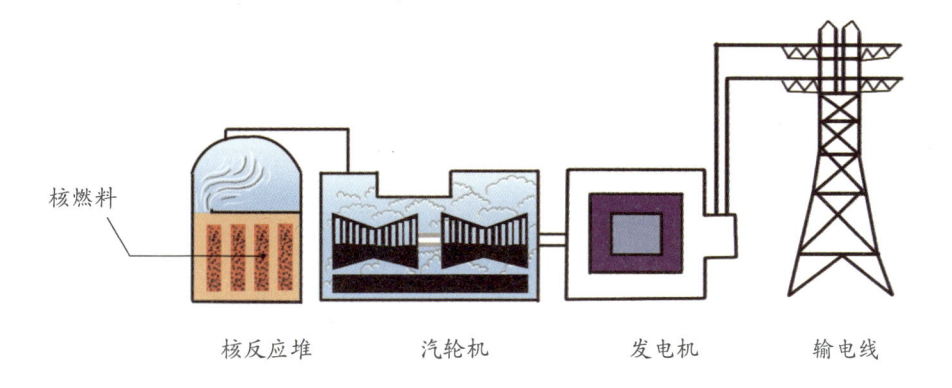

核燃料

核反应堆　　汽轮机　　发电机　　输电线

轮船如何渡过三峡大坝

　　三峡大坝的上游和下游水位落差很大，如果仅仅用一个水闸控制，那轮船就几乎无法渡过，所以聪明的工程师设计了多级船闸，可以让轮船以上下楼梯的方式渡过大坝。

　　比如说船从上游到下游时，先打开第一船闸，让水进入第一闸室，等内外水平面一样高时，就可以把船开到第一闸室，以此类推，最后就可以顺利地到达下游了。而从下游到上游时则刚好相反。

全长6442米，上下游总落差113米
年单项通过能力5000万吨
共有五间闸室，每间闸室宽34米，长280米

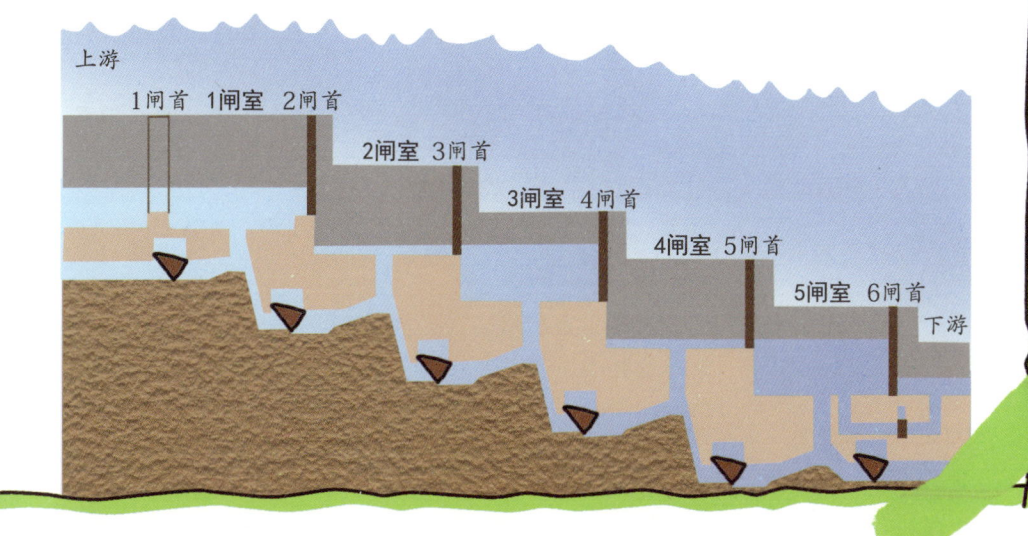

上游
1闸首　1闸室　2闸首
2闸室　3闸首
3闸室　4闸首
4闸室　5闸首
5闸室　6闸首
下游

从步行到上天下海——交通工具

有一天放学后,同学们为了准备校庆的演讲,坐在一起热烈地讨论着。就在这时,阳光姐姐过来了,笑着说:"我周末要去海南度假了,你们有谁想一起去吗?"

本期出场人物:阳光姐姐、惜城、兔子、阿呆、咪咪

> 能欣赏风景,还能体验各种交通工具,这次旅行真是值得期待啊!

> 大家可不要嫌路上麻烦,因为我们可能要换乘好几种交通工具。

> 只要不是驴车,我都能接受。

终于等到了周末，阳光姐姐带着兔子、惜城、阿呆和咪咪从学校出发了。大家坐上大巴，快速地驶向机场。
这速度！要是真坐驴车，不知道什么时候才能到机场呢？我们真应该感谢发明汽车的那位老人家。
是啊。那么，我来考考大家，你们知道发明汽车的老人家是谁吗？
我知道，第一辆汽车是 1885 年由卡尔·本茨发明的，我看过模型，它只有三个轮子。
惜城对汽车挺有研究的嘛！其实早在 1769 年，就有一个叫古诺的法国工程师发明了一辆蒸汽动力的汽车，不过它的速度实在太慢了，就跟我们步行差不多。
那还不如走路呢，走路还能减减肥……卡尔·本茨发明的汽车速度也那么慢吗？
卡尔·本茨的汽车靠内燃机来提供动力，能以跑步的速度前进。第二年，另一个德国人德利普·戴姆勒制成了世界上第一辆四轮汽车，它能够以每小时 18 千米的速度前进，当时的人们称之为“令人窒息”的速度。
哈哈，当时的人如果坐上现在的高铁，恐怕都要吓出心脏病了。

卡尔·本茨和德利普· 戴姆勒两人一起开创了汽车时代，后来他们的公司合并了，就是大名鼎鼎的奔驰汽车公司。他们也被称为“汽车之父”！
那个时代的人真幸运，赶上技术革新，能有汽车坐。
汽车刚问世的时候，人们畏之如虎呢，并且价格昂贵，一般人可买不起。
惜城说得对。汽车真正成为大众的代步工具还要感谢另一个人——亨利·福特。
我知道他，他可是著名的“美国汽车之父”。
对，他创办的福特公司在 1908 年生产出了第一辆 T 型汽车。更重要的是他开发出了世界上第一条流水线，使汽车实现了量化生产，大大降低了汽车的价格。
牛！

机场到了。他们下了汽车，过了安检，登上了飞机。接着空姐开始广播乘坐飞机的注意事项，并告诉大家一定要关掉手机。
阳光姐姐，开着手机会对飞机有什么影响吗？
我想在手机问世之前应该不会有这个问题的。
你们说得似乎好有道理，我竟无言以对！
任何电磁设备的信号都可能会影响飞机上电子设备的正常工作，所以为了大家的生命安全，最好还是关机。
那我猜在飞机问世之前更没有这个问题。
其实在飞机出现之前，有很多人为了发明飞机而受伤甚至丧命！幸好，美国的莱特兄弟成功了，他们造出了第一架动力飞机。

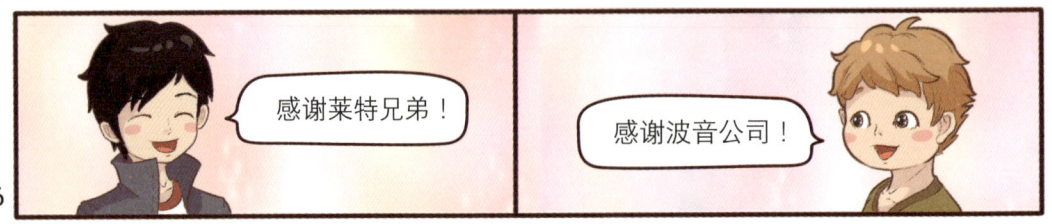

坐在莱特兄弟的飞机上一定不用关手机。

呃……那时候还没有手机,他们的飞机上也没有座位,你只能趴着。试飞时间只有短短的一分钟,不过这已经足以永载史册了!你要不要去体验一下?可能会令你永生难忘!

还是不要了吧……

最初的飞机是木质结构的,大多被用于军事目的。直到1933年,美国波音公司研制出了全金属客机——波音247,这是第一架真正的现代意义上的客机。后来的几十年里,各种军用飞机、民用飞机层出不穷,还有用于救援和运输的直升机,给我们的生活带来了极大的便利。

感谢莱特兄弟!

感谢波音公司!

96

飞机很快就到达了目的地——广州，他们出机场后直接去了火车站，坐上了去往海南的火车。
阳光姐姐，我们干吗不直接飞到海南，为什么还要坐火车呢？
火车虽说没有飞机快，可是坐火车便宜呀！
约两百年前，第一辆火车开始运行，一直到今天，火车仍然是世界上非常重要的交通工具。你们不觉得这是个奇迹吗？
确实是个奇迹。而且火车也一直在更新换代，从刚开始的蒸汽机车，到后来的柴油机车，再到电力机车，速度越来越快！
我又想到一个问题，我们坐的火车都是靠电驱动的，可为什么要叫它火车呢？
因为最初的火车都是以蒸汽机为动力源，烧煤炭或木柴的，所以人们都叫它“火车”。后来这个名字就一直沿用至今。你们知道发明火车的人是谁吗？
是斯蒂芬孙。他以瓦特的蒸汽机为动力源，在1814年发明了第一辆蒸汽机车，也就是火车。

完全正确！不过最初火车并不受欢迎。1829 年，史蒂芬孙父子设计出了“火箭号”机车，它还和其他机车进行了一场竞赛。
后来，“火箭号”以绝对优势获胜，从此人们就接受了这个“大怪物”。随着火车的普及，人们的旅行方式被彻底改变了。
火车在港口停了下来，他们从车窗往外看。
阳光姐姐，我们的火车到港口了。可是我们要怎么越过这个海峡呢？需要下车吗？
不用，我们待在火车上就行了。工作人员会把火车分开，然后开上渡轮，渡轮会把我们送到海南岛上，然后工作人员会再把火车接起来继续开。
还有这种操作？我真是孤陋寡闻啊！
为什么不让乘客自己坐船呢？
假如坐船过去的话，乘客需要拿着行李下去坐船，到了之后再检票上火车，那么多乘客上上下下很麻烦，还不如直接由渡轮把火车送过去。

他们所在的车厢开上了渡轮,大大的渡轮载着一行人驶向对岸。

呜~~~

这个渡轮一定很大,不然不可能把火车装进来。

当然,火车在轮船的底层,船上铺有轨道,火车可以直接开上来。船中间载的是汽车,上层是甲板,载了很多乘客!

天哪,也就是说这艘船装了一辆火车,外加一些汽车,还有乘客?

是啊,所以渡轮设计得都很大。你们猜猜最初的小船是什么样的?

应该是独木舟吧?那种只能坐一个人的小船。

是木筏。古人发现木头具有浮力,人掉到水里的时候,只要抓着大块木头就不会沉下去,于是他们干脆把木头连在一起,做成原始的木筏。后来人们才学会把树木掏空,做成独木舟。

可是，没有帆的话驶不了多远啊，要想远途航行，还是要用帆船啊！

没错，最早的帆船是古埃及人建造的，他们在4500年前就乘坐木质的帆船驶出了尼罗河，进入了地中海！

4000多年前的帆船？古埃及人也太聪明了吧！

不过帆船出海要靠风，蒸汽船就不一样了，它依靠蒸汽机提供的动力，能够运载更多的货物，航行得更远。

是谁发明了第一艘蒸汽动力船呢？

第一艘蒸汽船是美国工程师罗伯特·富尔顿在1807年建造的，比火车还要早一些。

没错。蒸汽动力船出现以后，船变得越来越大，载重能力也越来越强。世界上最长的船有400多米长呢。

100

在大家的讨论中，渡轮靠岸了。火车又重新启动了。过了一会，目的地到了，大家从火车上走了下来。
前面有共享单车，我们骑单车去海边吧！
啊！神清气爽，这里的空气果然好清新啊！
好啊，太棒了。我喜欢骑自行车！
不出意外的话，接下来，阳光姐姐要给咱们讲自行车的历史了。
如果大家对这个问题感兴趣的话，可以回去查资料。大家也要有一定的自学能力哟！现在我们要去海边玩水晒太阳啦。
好啊！
骑车去海边喽！

科普·小书房

最初的交通工具

　　最原始的交通工具当然是人的双脚了！可是，光靠双脚走路实在太慢了。后来，人类慢慢驯服了马。有了马，人们就可以到很远的地方。但骑马需要一定的技巧，不会骑马的人怎么办呢？没关系，很快就有人发明出了带轮子的车子，让马拉着车子走。人只要坐在车里就行了，速度还和骑马差不多。这种马车存在了很长时间，19世纪，马车是重要的交通工具。

两个轮子的交通工具

　　自行车是非常常见的交通工具。1790年，法国人西夫拉克发明了一辆像木马一样的自行车，在此之后，在许多人的努力下，"木马"渐渐演变成了现在的样子。

　　1817年，一个叫德莱斯的德国人造出了世界上第一辆可以改变方向的自行车。这辆自行车由木头和金属制成，车的前轮上装了一个控制方向的把手，可以转弯。但这种车子没有脚踏板，需要靠人的双脚在地上蹬踏来前进，德莱斯第一次骑它出门时遭到了不少人的嘲笑。

1839年，英格兰的铁匠麦克米伦在自行车的前轮上加了脚踏板，并在后轮的车轴上装上了曲柄，再用连杆把曲柄和脚踏板联结起来。当骑车人踩动脚踏板，车子就会运动起来，向前跑去。这种自行车骑起来速度很快，他还曾因为"骑车撞人"而被罚款。

1886年，英国的斯塔利设计出了一种安全自行车。为了保持平衡，他将前后轮设计成同样大小。他为自行车装上了前叉和车闸，并用钢管制成了菱形车架，还首次使用了橡胶轮胎。这和现代的自行车结构基本相同。他不仅改进了自行车的结构，还改造了生产自行车部件用的机床，为自行车的大量生产和推广开辟了道路，因此他被后人称为"自行车之父"。

最神奇的船只

在独木舟还没有出现的年代，人们把木头绑在一起，造出了最早的木筏。没有激流或暴风雨时，乘这种木筏可以到达很远的地方。可是造木筏的前提是当地有树木，那些树木稀少的地方该怎么办呢？别担心，他们也想到了一个好的办法，那就是把死去动物的皮囊充上气，制成实用的漂浮物。人趴在这种"船"上，用脚拍打水面，就可以前进了。

发展的脊梁——工业

周六下午,阳光姐姐带着惜城、兔子、阿呆和张小伟一起去逛街。在路边的一个小店里,一位老爷爷正在卖自己做的鸟笼。这些鸟笼非常精致,而且是手工制作的,看上去非常漂亮。阿呆和惜城一人买了一个,打算回去送给爱养鸟的爷爷。阳光姐姐也买了一个,说是要支持手工业制品。"手工业"这个名词让张小伟有点好奇。

本期出场人物:阳光姐姐、惜城、兔子、阿呆、张小伟

阳光姐姐，什么是手工业啊？
手工业就是依靠手工劳动，使用简单工具进行的小规模工业生产。就像这个鸟笼，它完全是老爷爷手工制作的，是手工业制品。
我以为机器装备的大工厂的生产才算工业生产呢！没想到还有这种工业生产……
工业的属性就是制造，只要能把原材料制造成可以直接供生活生产使用的东西，那就属于工业了。很明显，手工业也是工业。
那原始人用石头敲打石头、磨制石头工具算不算手工业呢？
当然算，因为他们没有用到机器……而且这应该算是最早的手工业了。
想用机器也没有呀，有机器的时代距离他们还很远很远……

大家还知道什么原始的手工业吗?

我知道,制陶业。

没错,在10000多年前人们就开始制作陶器了。他们将泥巴捏成陶罐状,然后放在火上烧,制成坚硬的陶器。还有什么呢?

制造金属器皿也算吧?

当然了,那时候的金属器皿也是纯手工制作的!

那人们是什么时候学会制作青铜器的?

大约在6000年前,伊朗南部、土耳其一带的人们已经学会了制作铜器。

中国商朝时的人也掌握了青铜器的制作技艺,还制成了全世界最大的青铜器——后母戊鼎。

106

制作衣服肯定也算!

当然,约6000年前的半坡原始居民已经掌握了纺织技能,他们可以制作简单的麻衣。后来人们还学会了养蚕以制作丝织品。

我觉得中国古代的衣服特好看,而且特别精美。新闻中曾提到有个地方出土了一件汉代的素纱禅衣,竟然只有40余克重,连一两都不到!

那是在长沙马王堆汉墓出土的,如果除去领口和袖口那些较重的边缘部分,衣服的重量就只有20余克。用薄如蝉翼来形容一点都不过分,真不知道古人是怎么织出来的!

那产量应该很低吧。

没错,不单丝织品产量低,整个制衣行业的产量都不算高,不过元代发明家黄道婆改变了这种情况。

这位慈祥的老婆婆曾经流落到海南岛，她跟岛上的黎族人学习了纺织技术，并把这种技术加以改进，带回了松江。没过多久，松江就成了全国棉纺织中心。

一听就是一位慈祥的老婆婆。

黄道婆太伟大了！

更厉害的是英国的一个叔叔，他发明了珍妮机，揭开了工业革命的序幕。

是这位叔叔叫珍妮吗？

不不，这位叔叔叫詹姆士·哈格里夫斯。1764年的一天，他无意中踢倒了妻子的纺纱机，然后研究出了改进纺纱机的方法。经过改进的纺纱机效率提高到了原来的8倍。后来他就以自己女儿的名字命名了这台织布机。

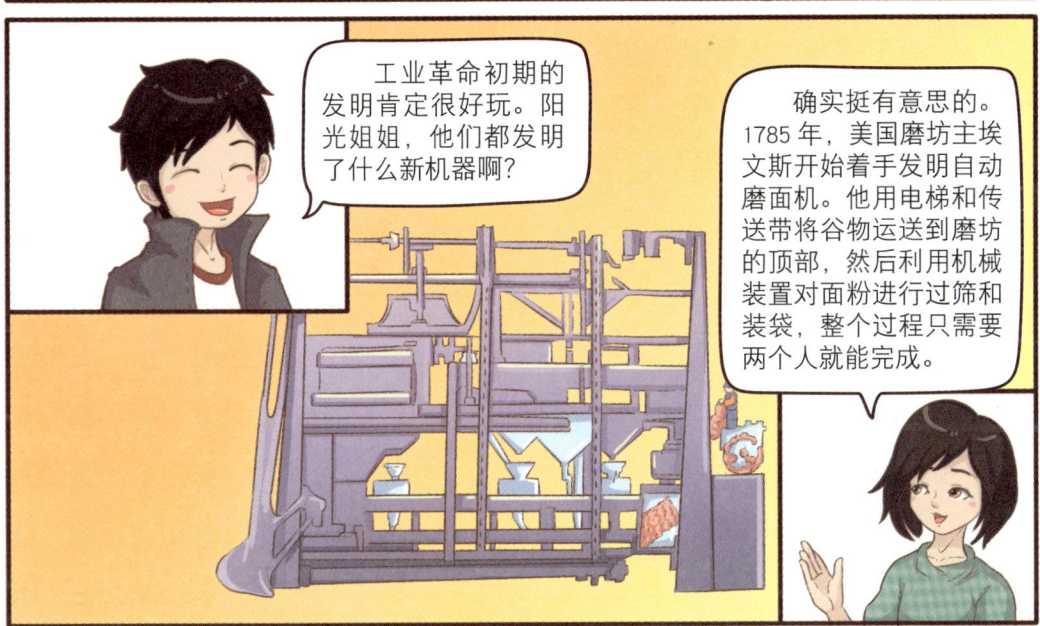

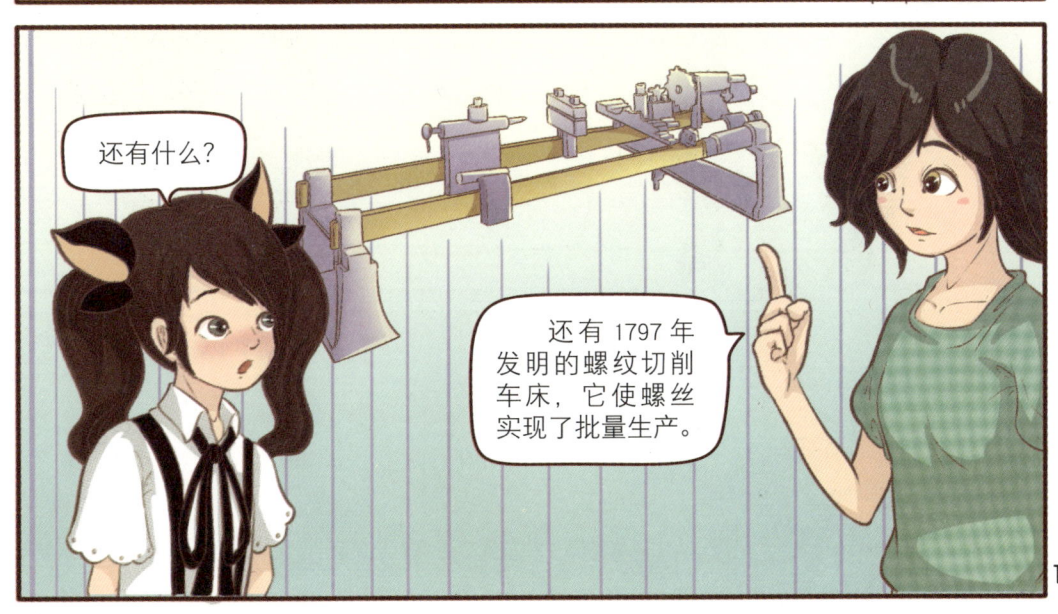

原来珍妮是他女儿的名字，那位叔叔真是好爸爸！

珍妮机的发明标志着第一次工业革命的开始，机器劳动开始代替手工劳动。从此以后，各种各样的新机器不断问世，这些机器的动力几乎都来自于瓦特改良的蒸汽机。

工业革命初期的发明肯定很好玩。阳光姐姐，他们都发明了什么新机器啊？

确实挺有意思的。1785年，美国磨坊主埃文斯开始着手发明自动磨面机。他用电梯和传送带将谷物运送到磨坊的顶部，然后利用机械装置对面粉进行过筛和装袋，整个过程只需要两个人就能完成。

还有什么？

还有1797年发明的螺纹切削车床，它使螺丝实现了批量生产。

阳光姐姐，有了机器之后的工业就不属于手工业了吧？
是的，这时的工业已经逐渐过渡到机器大工业了。到了19世纪中期，德国人西门子制成了发电机，从此，以电为动力的机器开始逐渐取代以蒸汽为动力的机器。随着电灯、电焊、电车等的相继出现，工业生产水平得到了很大的提高。
我觉得内燃机也是提高工业发展水平的一大“功臣”。
没错，内燃机可以让轮轴做快速的旋转运动，利用它的这个功能，人们开始制造以内燃机为动力的汽车、轮船等交通工具。
一辆汽车有1万多个小零件，这样说来，制造汽车是很困难的事吧？
汽车制造商也发现了这个问题，有一个人经过不断尝试，发明了流水生产线制造模式，大大降低了生产周期和成本。你们知道他是谁吗？
福特就是利用流水线来制造汽车的，不知道流水线的发明人是不是福特先生。
兔子真厉害！流水线的确是福特先生发明的。大家想不想去福特的流水线看看？
好啊 好啊！
啊吧啦，
啊咔啦，
回到过去！

他们来到 1913 年的美国，他们前面就是福特的生产车间，工人们正在紧张而有序地忙碌着，亨利·福特在指挥着。
您好，福特先生。
您好，请问有什么需要帮忙的吗？
请随我来。
是这样，我听说这里在进行流水线生产，我觉得非常了不起，所以带几个小朋友来参观！

福特先生把他们带进了车间。
汽车时代已经到来了，但现在的汽车还属于稀有物品，非常昂贵。
是啊，普通人家可买不起。
所以我希望能生产出既安全又便宜的汽车，让汽车真正成为普通消费者的代步工具。

那样的话，就必须提高生产效率，降低成本。
没错！我觉得把制造汽车的工序分开，或许可以解决这个问题。你们看，这些工人就专门负责装螺丝，装好之后传送带会把部件传送给下一工序的工人，让他们装内胎和外胎……
这样，制造汽车的流程就大大简化了，既高效，又快速，而且成本也降了不少。福特先生，您真聪明！
不敢当、不敢当。流水线这个思路和模式，我觉得很多公司都可以借鉴。这样能提高整个社会的生产效率。
没错，福特先生，谢谢您带我们参观车间。我们就不多打扰了，再见！
再见孩子们！

阳光姐姐念动咒语,把大家带回了现代。

我们能感受出来,流水线确实大大提高了工业效率。

这些以机器为主的工业属于比较传统的工业。到了20世纪50年代,原子能、航天技术、计算机技术、生物制药等新兴科技得到了空前发展,这也标志着工业进入了一个崭新的阶段,即第三次工业革命时期。

那我们现在还处在第三次工业革命时期吗?

当然了,我们现在用到的电脑和手机,可是这次工业革命的重要成果呢。

现在人的寿命也越来越长了,这离不开越来越先进的制药技术。这样发展下去,疾病也许能被彻底消灭,人能活到一百岁!

那到时我只能祝你们长命千岁了!

为了能实现这个目标,我们得有一个好身体呀。大家赶快跟着我去锻炼吧。

嗯!一起加油!

科普·小·书房

最初的石头工具

采集原料，然后把它们加工成产品，这个工作过程就叫工业过程。工业是社会分工的产物，随着社会的发展而不断进步。早期社会生产力非常低，人类的工具就是石头、棍棒之类的东西。慢慢地，他们懂得了将石头敲碎，制造出锋利的切面。后来人们又慢慢学会了建造房屋、缝制衣服。这些就是最初的工业。

金属的加工

在几千年前，人们就发现了铜可以用来制作工具。他们将挖到的铜矿熔化提纯，然后倒进石头做的容器里，制成特定的形状。这是最早的金属加工。后来，人们发现将锡加进去后可以制造出更加精美的金属器具，于是青铜器出现了。

第一条流水生产线

亨利·福特是流水生产线的先驱，流水生产线的问世简化了福特T型汽车的组装流程，将约3000个部件的组装简化为84道工序。由于采用了高效的流水生产作业，汽车生产所需的时间和人力成本大幅下降，随之而来的好处就是福特T型汽车的售价大幅降低，从而让高品质的汽车成为广大消费者能负担得起的交通工具。

轻工业和重工业有什么区别呢？

很多小朋友不知道重工业和轻工业的区别。其实，重工业就是为国民经济各部门提供主要生产资料的工业，像采掘业（对石油、煤炭、金属矿等自然资源的开采）、原材料工业（金属冶炼工业、化工工业、水泥工业、煤炭工业等）和加工工业（对原材料的再加工工业）等。而轻工业则是指提供生活资料的工业，包括食品工业、纺织工业、印刷、制药、日用金属制品工业等。

现代工业时代的到来

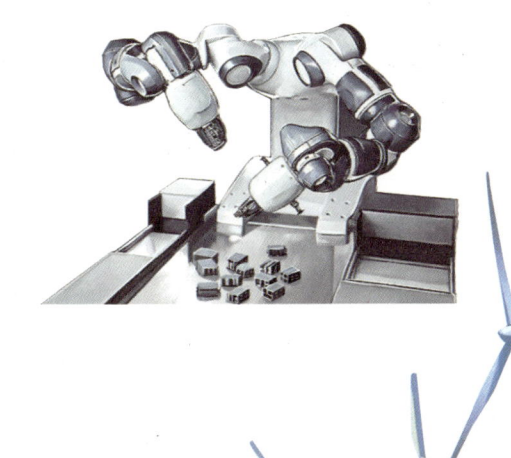

19 世纪末到 20 世纪初，现代工业时代开始了。在 20 世纪 50 年代左右，工业逐渐开始采用电脑控制的自动化机器和生产线进行生产，这改变了工业体系。后来，微电子技术兴起，运用这一技术能够制造出精巧的零部件。生物工程、新能源技术、新材料和机器人工业等新兴技术和新兴工业都有了很大进步。这些技术正改变着现代工业的面貌。

从零开始的太空梦——宇航

　　一个周末的上午，阳光姐姐带领惜城、兔子、阿呆和朱子同去参观了中国航空博物馆。这个博物馆分别介绍了运载火箭、载人航天技术、人造卫星等，还介绍了中国古代的航天探索，让大家对中国的航天事业有了一定的了解。航天事业的发展离不开火箭，而现代运载火箭的技术就源于中国古代的火箭，这让大家很震惊。为什么古代人会发明火箭呢？带着这个疑问，阳光姐姐带着同学们去发明火箭的宋朝一探究竟。

本期出场人物： 阳光姐姐、惜城、兔子、阿呆、朱子同

真不敢想象，我们的祖先在那么早的时候就发明出了火箭！
古人的好奇心其实也很强，他们很羡慕能飞上天的小鸟，据说鲁班就造出了一只能飞上天的木鹊，这也是人们对离开地面的尝试吧。
哈哈，我们的祖先可真聪明！
早期的火箭威力不大，就跟今天的爆竹差不多，但它已经具备了火箭的特点，是现代火箭的雏形。你们想不想去看看呀？
当然想啦。
好！满足你们的小愿望！
啊吧啦，啊咔啦——！
时空转移！

大家来到南宋末期的襄阳的城墙边。这里比较空旷，一群人正在进行火箭实验！
你们好，我们是来自远方的人。这里城门紧闭，请问这是要打仗了吗？
是啊！蒙古军队野心勃勃，他们的铁骑非常厉害，士兵也骁勇善战，我们迫切需要一些威力巨大的新武器啊！
我的天哪！又要打仗了！
你们这是在造什么武器呢？
我们造出了一种会飞的武器，现在正在进行实验。我们给它起名为“飞天炮”，希望它能帮我们抵挡住蒙古军队的进攻。
那这个“飞天炮”的原理是什么？它为什么会飞呢？
这个“飞天炮”由箭和火药筒组成。在竹子做的火药筒里装满火药，筒侧钻有小孔，在孔里装上一根引线。点燃引线后，筒中的火药燃烧起来，就会产生大量的气体，这些气体向后喷射，产生了向前的反作用力，于是这支箭就飞了出去！

哦，这不就跟我们现代的火箭发射系统很相像吗？
航天？那是什么？人如何能飞到天上去？
相信未来一定可以的。
还真是！你们为未来的航天事业做出了很大的贡献啊！
这时，外面传来喊声，蒙古军攻城了。
我们要去守城，你们赶紧找地方躲起来！快！
再见了叔叔，您千万要注意安全啊！
啊吧啦，
啊咔啦！
时空转移！

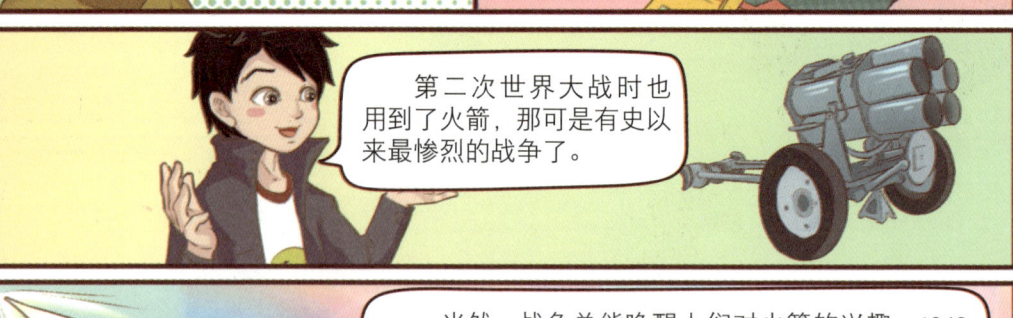

他们立刻回到了现代。

当然还是有些威力的,他们暂时把襄阳城守住了。可是后来,襄阳城还是被蒙古军队攻破了。

阳光姐姐,你说这些飞天炮有没有起作用呢?襄阳城守住了吗?

第二次世界大战时也用到了火箭,那可是有史以来最惨烈的战争了。

当然,战争总能唤醒人们对火箭的兴趣。1942年,德国研制出了V-2火箭,用它来袭击伦敦。这种火箭已经是现代火箭的雏形了,但因为技术不过关,所以它经常偏离目标或者过早爆炸。

唉,那无辜的受害者岂不是很可怜?

战争结束后，苏联和美国成为超级大国！它们开始争夺霸权，并且都把目光瞄向了太空！
地球已经无法满足它们了……
其实是双方都想获得在太空领域的优势地位，保障国家安全。
没错，所以这两个国家搞起了太空竞赛。1957 年 10 月，苏联用火箭将“史普尼克 1 号”送入了太空轨道，这可是人类历史上的第一颗人造地球卫星！
真帅！不过，为什么一定要用火箭推送呢？
因为要想让卫星绕地球匀速运转，必须使它达到约 7.9 千米每秒的第一宇宙速度。火箭是目前唯一能使物体达到第一宇宙速度的运载工具。

那把卫星推送上轨道之后，火箭去哪儿了呢？

火箭一般分三级。火箭升空不久，一级火箭的燃料就耗尽了，然后和火箭分离，坠落到地球上。二级火箭接力，把卫星送到太空，然后在大气层中烧毁。三级火箭把卫星送入预定轨道，之后就成了太空垃圾。

那太空垃圾岂不是会越来越多？

现在的航天技术已经比较先进了，火箭都有回收系统。未来也有可能会发展出更先进的技术，能去清理太空垃圾。

或许可以发送宇航机器人去回收太空垃圾……

这很有可能。说到宇航，你们知道第一个进入太空的人是谁吗？

是苏联的加加林!

棒极了!1961年,苏联宇航员加加林乘坐"东方1号"飞船进入地球轨道,在太空中飞行了108分钟。

这么说,加加林是第一个从太空中俯视地球的人?

没错,他从飞船里看到地球是一个蓝白相间的星球,他赞叹地球"独特而美丽"。

加加林真了不起,注定名垂史册。那这样美国不就落后了吗?

哇!这位老爷爷也太牛了吧!

不,美国在第二年也进行了载人航天飞行,约翰·格伦乘着宇宙飞船环绕地球飞行了三圈。这位宇航员在1998年又进行了一次航天飞行,那时他已经是77岁的老人了。

我觉得随着科技的发展，将来去月球旅行可能就和坐飞机一样平常。对了，第一个登上月球的人是谁呀？
是美国的阿姆斯特朗，他驾驶着“阿波罗11号”围绕月球飞行，并且完成了人类历史上的首次月球行走，在月球上留下了人类的脚印！
我也想在月球上留下一个小脚印……
这有何难！啊吧啦，啊咔啦——！变变变！
话音刚落，他们就坐上了一艘飞船，向浩瀚的宇宙飞去。
你们看，地球上白色的是云层，蓝色的是海洋，褐色的是陆地，还能看到一点绿色，那是森林。
我们离地球越来越远了，从这里看过去，地球变得好小啊！
我从来没有看到过这样的地球，它可真漂亮！

过了一段时间，他们来到了月球，大家穿着宇航服从飞船上走下来。

这儿怎么到处都是坑啊！

这些都是陨石坑。有很多陨石撞到月球上，就形成了这些大大小小的陨石坑。

这里好寂静啊，没有生命，没有水，也没有空气……

最重要的是没有嫦娥，没有小白兔，也没有桂树……我对月球的幻想彻底破灭了！

啊！我怎么随便一跳就能跳得这么高？

这是因为月球的引力比地球要小，我们在月球上会变得很轻，所以随便一跳就能跳好高！

大家都试着跳了几下，哈哈！真好玩！

好啦，大家快上飞船，我们要回地球喽！

我们捡点石头和土带回去吧，我要告诉同学，我是来过月球的人。虽然他们可能不会相信……

科普小书房

你知道什么是火箭吗？

宋朝时的中国有了最早的火箭，但威力就和现在的爆竹差不多。现代火箭就厉害多了，人造卫星、载人飞船和空间站的发射都需要火箭。

火箭是一种喷气推进装置，它把热气流向后高速喷出，利用其反作用力推动火箭向前运动。火箭自身携带燃烧剂与氧化剂，既可以在大气中飞行，又能在外层空间飞行。目前，火箭是唯一能使物体达到宇宙速度的运载工具。

莱卡的故事

很多小朋友家里都养了狗，它们既忠诚又可爱，给我们带来了很多快乐。但你知道吗？第一次进入地球轨道的地球生命也是一只勇敢的狗狗，它的名字叫莱卡。莱卡曾经是一只流浪狗，后来被苏联宇航局选中。1957年11月，莱卡乘坐"史普尼克2号"进入了太空，成为第一个进入太空的生命。但由于技术原因，莱卡为这次太空探索付出了生命的代价。尽管莱卡的太空行程非常短暂，但它却为未来的载人航天飞行打下了基础。

一只去过太空的狗狗——莱卡

太空竞赛

第二次世界大战结束后，苏联和美国为了争夺在航天领域的领导地位展开了太空竞赛。1957年，苏联发射了"史普尼克1号"，将第一颗人造卫星送入太空轨道。1961年，苏联宇航员加加林成为踏入太空的第一人。1969年7月，美国"阿波罗11号"完成了人类第一次登月任务，太空竞赛的激烈程度达到顶峰。直到1972年，两国达成合作意愿，太空竞赛才宣告结束。

载人航天飞机的发明

由于发射人造卫星的成本十分高昂，美国在1981年造出了一种可以重复利用的发射工具——载人航天飞机。它既能像运载火箭那样把人造卫星等航天器送入太空，也能像载人飞船那样在轨道上运行，还能像滑翔机那样在大气层中滑翔着陆，为人类征服太空提供了很好的帮助。

和平号空间站

随着航天技术的发展，人类开始希望在太空中建立一个空间站，将其作为宇航员们在太空中长期生活和工作的基地。终于，条件成熟了。1976年，经过数年的准备，苏联在太空中建立了第一个可供人长期居住的空间站——和平号空间站。不过，因为种种事故及设备老旧等原因，它于2001年正式退役，残骸坠入了太平洋。

图书在版编目（CIP）数据

科学大爆炸 / 伍美珍主编；孙雪松等编绘 .—济南：明天出版社，2017.12（2018.6 重印）

（阳光姐姐科普小书房）

ISBN 978-7-5332-9517-2

Ⅰ. ①科… Ⅱ. ①伍… ②孙… Ⅲ. ①科学知识—少儿读物 Ⅳ. ① Z228.1

中国版本图书馆 CIP 数据核字（2017）第 274219 号

主　　编	伍美珍
编　　绘	孙雪松　王迎春　盛利强　崔　颖　寇乾坤　宋焱煊　王晓楠　张云廷
责任编辑	于　跃
美术编辑	赵孟利
出版发行	山东出版传媒股份有限公司
	明天出版社
	山东省济南市市中区万寿路 19 号　邮编：250003
	http://www.sdpress.com.cn　http://www.tomorrowpub.com
经　　销	新华书店
印　　刷	济南新先锋彩印有限公司
版　　次	2017 年 12 月第 1 版
印　　次	2018 年 6 月第 3 次印刷
规　　格	170 毫米 ×240 毫米　16 开
印　　张	8
印　　数	20001-30000
I S B N	978-7-5332-9517-2
定　　价	23.80 元

如有印装质量问题　请与出版社联系调换
电话：0531-82098710